GUIA PARA NOVOS LÍDERES

E PARA QUEM QUER IR ALÉM

MILENA BRENTAN

Labrador

Coordenação editorial Pamela J. Oliveira
Assistência editorial Vanessa Nagayoshi, Leticia Oliveira
Projeto gráfico Vinicius Torquato
Diagramação Nalu Rosa
Preparação de texto Vinícius E. Russi
Revisão Sérgio Nascimento
Consultoria de escrita Silvia Regina Sousa

Dados Internacionais de Catalogação na Publicação (CIP)
Jéssica de Oliveira Molinari - CRB-8/9852

Brentan, Milena
Guia para novos líderes : e para quem quer ir além /
Milena Brentan.
São Paulo : Labrador, 2025.
240 p.

Bibliografia
ISBN 978-65-5625-967-3

1. Desenvolvimento profissional 2. Liderança
3. Recursos humanos I. Título

25-3795 CDD 658.1

Índice para catálogo sistemático:
1. Desenvolvimento profissional

Labrador
Diretor-geral Daniel Pinsky
Rua Dr. José Elias, 520, sala 1
Alto da Lapa | 05083-030 | São Paulo | SP
contato@editoralabrador.com.br | (11) 3641-7446
editoralabrador.com.br

Dedico este livro a todas as pessoas que
acreditam que hoje podemos ser melhores
do que fomos ontem, e que estão dispostas
a encontrar respostas dentro de si.

SUMÁRIO

PREFÁCIO

Michelle Schneider

É palestrante internacional, futurista, professora convidada da Singularity University (EUA), LinkedIn Top Voice e uma das vozes mais influentes do Brasil no TEDx. Também é autora do livro O profissional do futuro: como se preparar para o mercado de trabalho na era da IA *e sócia de Ian Beacraft na consultoria norte-americana Signal & Cipher, especializada em transformar negócios com soluções de inteligência artificial integradas aos fluxos de trabalho.*

Foi diante dos microfones do Pod Liderar que Milena Brentan entrou na minha vida. Eu era a entrevistada, mas bastaram poucos minutos para perceber que ali quem realmente conduzia a conversa era alguém que carregava a rara combinação de curiosidade genuína e escuta ativa profunda. Entre perguntas certeiras e silêncios que faziam sentido, Milena criava espaço para que insights emergissem com naturalidade, e, quando o episódio terminou, ficou claro que aquela conversa era só o começo. Hoje, tenho a honra de escrever o prefácio deste livro, que nasceu da mesma paixão pela liderança humana, consciente e transformadora que pude testemunhar naquele dia.

Logo nas primeiras seções, Milena parte de um ponto muitas vezes negligenciado – o autoconhecimento – para remontar toda a jornada da liderança. Ao trocar fórmulas pela pergunta essencial "Quem sou eu quando lidero?", ela nos lembra de que cargos são rótulos temporários, enquanto a coerência entre valores e ações é o único crachá que permanece. E faz isso com a generosidade de quem já percorreu o trecho, tropeçou nas mesmas pedras e decidiu reunir, em páginas, o kit de sobrevivência que gostaria de ter recebido ao começar.

Seu *framework* da **Pirâmide da Liderança** devolve profundidade a conceitos desgastados. Cada nível convoca-nos a compreender contextos, mover motivações e, sobretudo, cuidar de gente – inclusive de nós mesmos. Num mundo que celebra a velocidade, Milena insiste na pausa: "Primeiro, olhe para dentro; depois, proporcione direção". É uma inversão poderosa. Se a transformação digital acelera processos, este livro nos lembra de desacelerar o coração para que ele bata em sincronia com as pessoas que pretendemos inspirar.

Como futurista, aprendi que tecnologias exponenciais não eclipsam a humanidade; elas amplificam aquilo que já somos. Lideranças rasas se tornam algoritmos impiedosos; lideranças autênticas, como as que Milena cultiva, convertem-se em redes regenerativas de confiança. E confiança não se inova por decreto, mas se constrói na soma de escolhas diárias – exatamente o que estas páginas nos convidam a praticar.

Ao leitor que assume hoje um time, escala um negócio, ou simplesmente deseja liderar a si mesmo com mais inteireza, esta obra entrega dois presentes. O primeiro é repertório: histórias, ferramentas e perguntas certas para navegar a complexidade crescente das organizações. O segundo é **permissão**: a liberdade de desenhar um jeito único de liderar, sem sacrificar a autenticidade em nome da performance.

Finalizo com um convite: vá além da leitura. Reflita, questione, absorva. E permita-se ser tocado por ideias que podem, de fato, mudar a maneira como você lidera – e se enxerga como líder.

Boa jornada.

INTRODUÇÃO

LIDERANÇA: O QUE FAZER QUANDO SE CHEGA LÁ?

Ninguém nasce pronto, mas, com vontade e apoio certo, todos podem aprender a liderar.

Milena Brentan

Talvez, neste exato momento, você esteja assumindo uma posição de gestão de pessoas ou já esteja nela há algum tempo. Talvez você esteja sem saber o que fazer, quais atitudes tomar diante de determinadas situações ou precisando lidar com uma equipe que, possivelmente, nem tenha sido formada por você, mas que precisa comandar todos os dias.

Liderar um time é uma posição almejada por alguns e temida por outros. Na maior parte das vezes, é um caminho natural de desenvolvimento da sua carreira. Em outros casos, como quando você empreende, é uma necessidade para o seu negócio prosperar.

Independentemente de como chegou lá, quanto mais entender conceitos básicos de gestão, mobilização de pessoas e ambiente corporativo, mais segurança você sentirá e mais clareza terá sobre direções possíveis a seguir, agindo com mais consistência e confiança.

Contudo, deixe-me ser honesta. Errar faz parte. Mesmo lendo este livro, você vai errar. Afinal, só acerta quem tenta fazer algo. Ninguém aprende a surfar apenas lendo, mas de fato praticando, o que pode levar a uns "caldos". É por meio desta vivência de tentativas que temos aprendizados muito positivos. No entanto, o que pretendo com este guia é que tenha doses saudáveis de erros e que vá vivenciar suas práticas com orientação. Assim, você cresce ao mesmo tempo em que deixa mais impactos positivos por onde passa.

O maior desafio é que nem todas as pessoas têm a sorte de ter alguém para desenvolvê-las na prática – um mentor, um conselheiro ou mesmo um gestor. E, ao longo das últimas décadas atuando com empresas, profissionais e lideranças, percebi que muitas pessoas chegam ao cargo de gestão sem entendimento dos desafios ao liderar times, que são muito diferentes de desafios puramente técnicos.

Um trabalho de destravar potenciais e preparar pessoas para entregarem o que têm de melhor. Para que você entenda como cheguei até aqui, permita-me compartilhar um pouco da minha trajetória.

Eu sou Milena Brentan, psicóloga de formação, gestora de Recursos Humanos e entendedora de dinâmicas humanas por vocação. O que sou hoje é resultado de quase três décadas de estrada corporativa. Enquanto liderava desafios de gestão de talentos e desenvolvimento organizacional para aproximadamente 40 mil colaboradores, fui eleita Jovem Talento de RH pelo prêmio Top of Mind do jornal *O Estado de S. Paulo*, em 2013. No ano seguinte, em 2014, tive a honra de palestrar no meu primeiro TEDx[1] sobre propósito – mais especificamente o poder de alinhar propósito organizacional ao propósito de times –, algo pouco falado na época.

Nesse mesmo ano, tornei-me a primeira liderança de RH da América Latina no Airbnb, integrando o time que

1 *A propósito, vamos falar de propósito*. TEDxInatel. Disponível em: https://tinyurl.com/22pd35xr

executou a expansão global das áreas de Pessoas e Cultura nas Américas, na Europa e na Ásia. Nos quase seis anos seguintes, inaugurei escritórios no México e na Argentina, fui responsável pelo escritório de Miami, fortaleci culturas, estruturei áreas, processos, conduzi *reorgs*[2] frequentes em um ambiente de alta velocidade e atuei com um time multidisciplinar na preparação para o IPO[3] da companhia. Neste período, saltamos de cerca de mil pessoas para, aproximadamente, 10 mil, considerando funcionários e terceiros globalmente.

Vendo tanta gente com capacidade e sem orientação, que só precisava de um empurrão para se tornar líderes melhores ou mesmo extraordinários, entendi que desenvolver lideranças era mais do que uma especialidade: era o que eu precisava fazer.

Em 2020 mergulhei no universo dos investimentos de impacto como sócia-operadora da Vox Capital, a primeira gestora de investimentos de impacto do Brasil, com o desafio de fortalecer a cultura da empresa em um movimento de expansão de portfólio de produtos. Trabalhar lá foi tão diferente quanto gratificante, porque foi a primeira vez que ocupei uma cadeira de sócia e porque se trata de um mercado novo para mim, com uma tese ainda pouco compreendida pelo mercado, mas em franca ascensão. Também porque a cultura da empresa era única e profunda; portanto, para que os processos funcio-

2 *Reorgs* (reorganizações) são mudanças estruturais dentro da empresa que podem envolver realocação de equipes, ajustes de liderança, redefinição de processos ou mudanças de estratégia para alinhar a organização aos seus objetivos de crescimento.

3 IPO (Initial Public Offering) é a sigla em inglês para Oferta Pública Inicial, o processo pelo qual uma empresa abre seu capital e passa a negociar suas ações na bolsa de valores.

nassem, precisavam ser altamente customizados. Ao longo dos meus dois anos na Vox Capital, os ativos sob gestão triplicaram, assim como o número de fundos da gestora.

E 2020 também foi o ano em que fundei a MB People, consultoria de desenvolvimento de lideranças, uma liberdade e flexibilidade que meu contrato com a gestora de investimentos permitiu.

Naquele momento já havia consolidado credenciais de desenvolvimento humano consideráveis, mas segui estudando e me aprimorando para fortalecer a minha mudança de carreira para o mundo da consultoria de desenvolvimento de liderança. Estudei em instituições renomadas, como o Co-Active Training Institute,[4] na Califórnia, Gallup e EcoSocial,[5] considerada a melhor formação de executive coaches no Brasil. Sou Certified Strengths Coach pela Gallup e ACC coach pela International Coaching Federation (ICF).[6]

---

4 O Co-Active Training Institute (CTI), fundado na Califórnia em 1992, é uma das principais instituições de formação em coaching e liderança do mundo. Sua metodologia é apresentada no livro *Co-Active Coaching*, de Whitworth *et al.*, referência internacional no desenvolvimento de competências relacionais e de liderança.

5 Instituto EcoSocial – Brasil é referência nacional com projeção internacional, seu diferencial está na integração entre a Antroposofia, que promove o autoconhecimento profundo, e a abordagem sistêmica, que amplia a visão para incluir relações, contextos e interdependências.

6 ICF (International Coaching Federation) – Estados Unidos é a principal organização global dedicada ao avanço da profissão de coaching. Seu selo é reconhecido internacionalmente como garantia de qualidade, seriedade e ética na prática do coaching profissional.

LIDERANÇA SE FORMA, NÃO NASCE PRONTA

Ao longo desta jornada brevemente apresentada, tive a honra de conhecer lideranças competentes e inspiradoras que me ensinaram muito. Igualmente me ensinaram aquelas lideranças despreparadas, pois me mostraram o que não fazer.

A primeira vez que fui responsável por um time – também a primeira vez que comandei o RH inteiro da empresa –, tinha quinze pessoas sob minha responsabilidade. Imagina gerir quinze pessoas sem nunca ter feito isso e sem ter sido preparada? Não foi fácil, mas eu sou motivada pelo desafio. Minha rotina incluía enfrentar muitas pressões: cobrança por resultados rápidos, responsabilidade técnica da área (algumas responsabilidades que nunca havia gerenciado antes) e a mobilização do time. O que me ajudou foi querer aprender sempre mais e avaliar o que poderia fazer diferente.

Com o tempo, comecei a buscar o meu estilo próprio de liderar uma equipe, sem me esquecer de quem eu era na minha essência nem dos meus valores, ao mesmo tempo que mantinha os princípios básicos e o rigor necessário para o lugar que ocupava.

Minha experiência me permitiu observar que os desafios pelos quais eu passei e outras lideranças passam acontecem por um fator: o despreparo ao ocuparem os cargos. Permita-me explicar melhor. Existem poucas oportunidades de formação de lideranças que abordam a questão central da importância do autoconhecimento e do seu estilo próprio para sustentar as práticas de gestão de maneira coerente e duradoura.

Além disso, do lado das empresas, é desafiador preparar um time quando vivemos em um momento em que tudo muda rápido. Assim, acabamos promovendo pessoas às vezes sem mesmo explicar que a promoção acarreta gerir um time.

Por fim, mas não menos importante, historicamente avalia-se mais o conhecimento técnico na hora de uma promoção do que habilidades de gestão. Com isso, poucos gestores entendem que gerenciar um time demanda doação genuína de tempo (que já é escasso), entendimento do outro (um desafio e tanto quando nem mesmo nos conhecemos direito), uma disposição constante para ouvir (já comentei da falta de tempo?), um compromisso com o crescimento coletivo (enquanto muitos líderes estão apenas em busca do seu próprio sucesso) e a habilidade de equilibrar necessidades individuais com objetivos organizacionais (um verdadeiro malabarismo corporativo). Isso sem contar a inteligência artificial, que vem sendo parte integrante do time, impactando produtividade, comunicação e tomadas de decisão.

Tudo o que vivi, observei e estudei me trouxe habilidades para desenvolver as pessoas a fim de que elas se tornem melhores líderes; aliás, esse é um dos trabalhos que eu realizo na MB People e que me deram insumos importantes para escrever este livro. Minha intenção é trazer de maneira sucinta, objetiva e leve conceitos e ferramentas provenientes de quase trinta anos de experiência. São conhecimentos que considero básicos, mas que muitas pessoas em posição de primeira gestão (ou até mesmo experientes) não possuem. **Se você entender (de partida) o que envolve gerir um time, conseguirá liderar melhor.**

Além disso, conseguirá questionar de maneira construtiva as práticas de gestão de pessoas da empresa, contribuindo para uma parceria valiosa que beneficiará todos, inclusive você.

Por tudo isso, este livro é um percurso que começa na importância de o líder se conhecer e passa pela importância de entender a organização corporativa que serve, as demandas do cargo e os desafios mais comuns da gestão de pessoas.

A linha de chegada é mais do que gerir pessoas, é inspirar e mobilizar genuinamente, o que considero o verdadeiro papel de um líder.

Por fim, falaremos sobre o seu jeito único de liderar: a sua marca registrada, que é justamente aquilo que trará o maior diferencial para você, seu time, a organização que serve e o impacto que quer causar no todo.

Para tornar esse aprendizado mais completo, ao fim de cada capítulo você encontrará um exercício como um convite para a reflexão prática dos conhecimentos apresentados, assim como um relato de um profissional-referência em sua área, contando algumas situações reais que ilustram aquele capítulo. É uma transferência de conhecimento por meio do compartilhamento de experiências de cases reais, brasileiros e práticos.

Este livro encurtará o seu tempo de desenvolvimento trazendo repertório e segurança para se aprimorar em sua carreira e se tornar uma liderança boa para si, seu time, sua organização e para tudo o que você impactar direta ou indiretamente.

Antes de seguir para o primeiro capítulo, quero deixar algo claro. Apesar de "gestão de pessoas" não ser a mesma coisa que "liderança", neste livro irei chamar você de líder, sim. Isso porque estou convidando você a embarcar em uma jornada de desenvolvimento e amadurecimento, para refletir sobre si, seu papel e o impacto que exerce sobre os que estão ao seu redor.

Estarei ao seu lado durante toda esta jornada, que começa agora!

1. NEM HERÓI NEM CHEFE:

GENTE DE VERDADE LIDERANDO GENTE DE VERDADE

Liderança tem linha de partida, mas não tem linha de chegada.

Marcia Bahena
VP de Gente e Gestão da Copel Energia em entrevista para o Pod Liberar Podcast.[7]

Quando você pensa em um líder, que imagem vem à sua cabeça? Por acaso pensa em uma pessoa que tem respostas para tudo, que traça estratégias certeiras, que é cercada por uma equipe eficiente e comprometida e que, todos os dias, vai para casa feliz e satisfeita?

Vou te contar "a vida como ela é". A realidade da liderança raramente é tão perfeita quanto a imagem que muitas vezes criamos. Líderes enfrentam desafios que vão além de traçar estratégias e tomar decisões. Eles lidam com incertezas, conflitos interpessoais, pressões por resultados e, muitas vezes, a solidão que acompanha estar no topo.

Além disso, liderar é sobre ter que agir mesmo sem ter todas as informações disponíveis e tomar decisões mesmo sem

7 Episódio disponível em: https://www.youtube.com/watch?v=QJNR1TpKTV8. O Pod Liderar Podcast é apresentado por Milena Brentan e traz uma série de entrevistas sobre liderança e desenvolvimento humano, com histórias inspiradoras. Disponível no Spotify e YouTube.

ter certeza. Por isso, liderar não se trata de controlar, mas de fazer as perguntas certas, inspirar, delegar e confiar. Refere-se também a ter a coragem de reconhecer vulnerabilidades e ter a persistência e resiliência para aprender com os próprios erros e com os dos outros.

Por todo esse cenário, quando se chega a uma posição de liderança, o que menos se faz é lidar com a parte técnica. A principal função de qualquer líder tem a ver com tomar decisões e, a partir delas, criar conexões, mobilizar e impulsionar pessoas que estão sob seu comando direto ou indireto, algo que nem sempre somos preparados para fazer.

Ninguém se transforma magicamente em líder da noite para o dia. Como mãe de dois filhos, sinto que a maternidade (e a paternidade) apresenta desafios e dilemas similares. Passamos a ser pais de um dia para o outro, carregando responsabilidades, opinião alheia e muitas decisões a tomar. Mas ninguém recebe um manual ou treinamento para ter respostas para tudo.

E isso não vem de agora. Historicamente, líderes, como os reis e generais, eram vistos como responsáveis pela sobrevivência de seus povos, reforçando a expectativa de que não falham (ou pelo menos que não podem falhar).[8] Psicologicamente, líderes são vistos como salvadores nos momentos de crises, uma visão que se projeta facilmente para os contextos de liderança em empresas. Uma projeção bastante arquetípica que reflete a jornada do herói

> A liderança real tem imperfeições e momentos complicados, e é justamente isso que a torna tão poderosa: ela é humana e está em constante desenvolvimento.

8 WEBER, 1947

descrita por Joseph Campbell: "aquele que enfrenta o caos e retorna transformado para guiar os outros".[9] Na era industrial, as ideias do taylorismo[10] ajudaram a consolidar uma forma de organização baseada na separação entre o pensar e o fazer. A liderança ficava responsável por planejar e supervisionar, enquanto os trabalhadores executavam tarefas específicas de maneira eficiente. Esse modelo influenciou o modo como muitas empresas operam até hoje, com decisões concentradas nos líderes e pouca autonomia na ponta. Tudo isso ao longo do tempo reforça a expectativa de que líderes sabem tudo. Mas isso mudou.

Hoje, essa expectativa de liderança infalível não se sustenta mais. O volume de informações, a velocidade das transformações e a chegada da inteligência artificial, com avanços que ultrapassam nossa capacidade de prever, tornaram impossível para qualquer pessoa dominar tudo.

Liderar, agora, é menos sobre ter todas as respostas e muito mais sobre fazer as perguntas certas e construir caminhos junto com o time.

A liderança do presente e do futuro exige outra postura: aprender continuamente, integrar diferentes inteligências (humanas e artificiais) e manter a clareza mesmo diante da incerteza.

9 CAMPBELL, 1949.

10 TAYLOR, 1911.

OS DESAFIOS DAS NOVAS LIDERANÇAS

Se não bastasse essa alta expectativa (muitas vezes irreal) depositada nas lideranças, a posição de liderança em empresas é desafiadora também por outros aspectos. Como falei na introdução deste livro, muitos profissionais chegam ao cargo sem saber o básico de processos de gestão de pessoas. A empresa se concentra mais nos requisitos técnicos na hora de contratar ou promover e se esquece de avaliar e desenvolver outros atributos importantes à posição. Se esse líder não está preparado e foi contratado, caberia às empresas treiná-lo, correto? Mas não é o que acontece. Um estudo realizado em 2023 pela Associação Brasileira de Recursos Humanos (ABRH) apontou que 49,6% dos profissionais acreditam que o desenvolvimento de lideranças é o maior desafio das empresas brasileiras e que 67,4% dos profissionais de RH consideram a preparação das lideranças como regular ou ruim em relação aos desafios de gestão de pessoas.[11]

Ou seja, alguns gestores não têm tempo para aprenderem a ser gestores. Já caem direto nas demandas do cargo e vão tateando o terreno para descobrir o que fazer e como fazer. Isso não significa que essa pessoa não vá entregar o que precisa ou que vá fazer tudo errado, mas que o seu caminho será, provavelmente, muito mais árduo para si e para o time do que precisaria ser.

Outro aspecto é que, sem uma reflexão intencional de como liderar um time, esse líder acaba reproduzindo exatamente o que viu o seu gestor anterior fazer, sem analisar criticamente

11 Pesquisa "O cenário do RH no Brasil 2023". 3ª edição. ABRH-Brasil e UMAMI. Disponível em: https://tinyurl.com/28pap6nw. Acessado em: set. 2025.

essa abordagem ou adaptar essas práticas à sua própria personalidade. Essa fórmula dá certo no começo, mas não se sustenta; e vou contar um exemplo para ilustrar isso.

Uma de minhas clientes, fundadora de uma empresa de médio porte, me procurou, pois não queria mais ser gestora de pessoas (algo complicado para o estágio do negócio dela naquele momento). Ela sentia que, por mais que se esforçasse, nada dava certo. Depois de uma jornada de autoconhecimento, ficou claro que ela estava reproduzindo um modelo de gestão que aprendeu com a sua primeira gestora da vida, que tinha um perfil autoritário, distante e frio, completamente diferente do perfil da minha cliente – uma pessoa próxima, acolhedora e que desenvolve time. Assim, ela não conseguia gerir seu time de maneira coerente e consistente apesar de um esforço enorme para incorporar aquelas práticas que nada tinham a ver com ela. No início da carreira, é normal "copiarmos" estilos até acharmos o nosso, mas o convite aqui é um mergulho mais intencional e avaliativo do que você está incorporando.

Por fim, não podemos deixar de mencionar o desafio da nossa era: vivemos uma tendência de que deixar a pessoa se virar sozinha é sinônimo de dar autonomia à equipe. O que acontece na prática é um "delargar" no lugar de "delegar", quando, na realidade, os melhores gestores que já vi são aqueles que conseguem achar um equilíbrio, ou seja, dão autonomia ao mesmo tempo que orientam seu time, para que seja cada vez mais preparado e confiante.

Dito tudo isso, como aprender a ser gestor? Primeiramente, você pode sim buscar formações de gestão de pessoas e liderança que trazem muito da parte técnica e estudos de caso, mas lembre-se de que precisará de tempo para viver seus erros e acertos na prática. Outra fonte interessante são conteúdos elaborados por especialistas e as comunidades (virtuais ou presenciais) que reúnem vários profissionais para a troca de experiências, proporcionando, além de conhecimento, relacionamento (networking) e casos reais com desafios similares aos seus; muitas delas ajudam você a não se sentir tão só neste papel.

Mas nenhuma dessas iniciativas traz um elemento primordial: a relação do seu nível de autoconhecimento com o seu papel de liderança.

Gestores com autoconhecimento compreendem como suas ações, decisões e comportamentos impactam a equipe e os resultados organizacionais e são coerentes consigo mesmos, com os outros e com a organização a que servem. Isso faz toda a diferença.

Por isso digo que, quando unimos todos esses aspectos para desenvolver uma pessoa – autoconhecimento, gestão de pessoas e dinâmicas organizacionais –, aí sim conseguimos fazer a diferença no desenvolvimento de uma liderança. É justamente este convite que você verá ao longo de todo este livro.

2. O SENHOR ACEITA UMA ÁGUA?

HISTÓRIAS SOBRE INSPIRAÇÃO (E SOBRE O OPOSTO TAMBÉM)

Liderar é carregar o peso das expectativas de todos, enquanto gerencia suas próprias inseguranças.

Autor desconhecido

Sempre tive sede de conhecimento. Na escola, me lembro de questionar fórmulas e conceitos de química, enquanto meu professor insistia que eu deveria apenas decorar para passar no vestibular. Na faculdade, vivia um *gap* entre a teoria (o que aprendia na sala de aula) e a prática (o que era exigido no trabalho). Desta maneira, desde que comecei a trabalhar, aos 18 anos de idade, busquei conhecimentos de pessoas que admirava em todo lugar que passei (depois descobriria que hoje esse é o conceito de mentores).

Tive uma gestora que me ensinou muito sobre a inteligência emocional, o trato com as pessoas, a negociação com times, e por isso eu vi – e senti na pele – a importância de ter essas habilidades na minha carreira. Aprender esses outros conceitos não beneficiou apenas a mim, mas a todos que estavam ao meu redor. Sendo uma profissional melhor, apoiei melhor o time e impactei em vários resultados das empresas.

Mas nem todos os gestores foram tão presentes. Aos poucos me dei conta do despreparo de alguns que encontrei pelo caminho. Como mencionei no capítulo anterior, é como se eles estivessem replicando aquilo que aprenderam. E definitivamente eu sabia que dava para ser diferente e já tinha visto isso na prática.

> O meu perfil profissional, como provavelmente o seu também, é fruto da união das experiências boas e ruins.

Por isso, vou usar algumas delas, ao longo deste livro, para exemplificar melhor. Aposto que você vai se identificar.

ENCONTRO DE GERAÇÕES: UM DESAFIO PARA TODOS

Aquela busca e inquietude que mencionei no início deste capítulo tem a ver com a minha personalidade, formação e contexto de vida. Nascida em 1982, sou uma típica representante da geração Y (ou millennial), aquela que supostamente deixou a geração anterior, a X, de olhos revirados por não ser fácil de gerenciar. Nossa necessidade de autonomia e a busca por desafios nos fizeram questionar o que seria uma carreira bem-sucedida. Se os baby boomers (nascidos entre 1945 e 1964) ficavam em média 7 anos em cada emprego e a geração X (1965 a 1984), 5 anos, os Y (1985 A 1997) ficam apenas 2 anos.[12]

Essa mudança de comportamento de cada geração é um reflexo das características formadas pelo contexto histórico. Em entrevista à revista *Exame*, eu mostrei alguns elementos de cada grupo. Veja:[13]

---

12 PAYSCALE. *Gen Y on the job*. Disponível em: https://tinyurl.com/yrxu3fp5

13 EXAME. *Você está pronto para ser um chefe de agente digital?*, 24 abr. 2025. Disponível em: https://tinyurl.com/mrxeaxxt

Baby boomers (1945-1964)	Geração X (1965-1984)	Geração Y/ Millennials (1985-1997)	Geração Z (fnal da década de 1990 a 2010)
Essas pessoas cresceram em um contexto pós-guerra, em que as consequências dos conflitos moldaram sua perspectiva. Com a necessidade de estabilidade econômica e reconstrução, a lealdade ao trabalho era um valor fundamental. A tecnologia era limitada em comparação com os padrões atuais, e as oportunidades de trabalho eram escassas.	Em um momento de transição tecnológica – que levou a uma mudança cultural –, a geração X testemunhou o surgimento das primeiras formas de tecnologia, como computadores e comunicação eletrônica, e se destacou por sua independência e adaptabilidade. Com o mercado de trabalho evoluindo com novas formas de trabalho e maior prosperidade econômica, essa geração começou a questionar a ideia de uma carreira vitalícia em uma única empresa.	A ascensão da tecnologia e da internet definiu o cenário dessa geração. Ela busca propósito em seus trabalhos, valoriza o equilíbrio entre a vida pessoal e a profissional e desafia a hierarquia tradicional no mercado de trabalho. Essa geração é menos propensa a ficar a vida inteira em um único emprego, procurando colaboração e feedback constante dos gestores. Como viveu em um período econômico mais próspero, se permite ter mais liberdade de escolha na carreira.	Essas pessoas cresceram em um mundo impulsionado pela tecnologia e conectividade constante. Eles se destacam por sua adaptabilidade, capacidade para realizar multitarefas e busca por oportunidades diversas. A relação de trabalho mudou significativamente, com maior flexibilidade e a mentalidade de buscar várias opções profissionais. Ter um único emprego para a vida toda definitivamente não é a norma dessa geração, que busca constantemente se reinventar e se destacar.

Analisando a tabela, você pode perceber que todas as gerações trazem algum conflito com as anteriores (o que é um prato cheio para desafios de gestores e times). Isso ocorre porque cada grupo etário se desenvolve em um momento histórico, econômico e tecnológico diferente, trazendo maneiras distintas de pensar a vida e o trabalho. Mas isso não é algo que começou agora.

> **Em 1970, o antropólogo e sociólogo francês Pierre Bourdieu defendeu que cada geração traria consigo predisposições para "práticas ou aspirações naturais e razoáveis que outra geração considera impensáveis ou escandalosas".[14]**

Ou seja, qualquer semelhança com o que vemos hoje não é mera coincidência.

Eu vivi isso na pele, e muitos da minha geração também. Mesmo assim ironicamente estamos questionando a geração atual. Esse mundo dá voltas... Mas, voltando para a minha história, lembro-me de quando assumi um cargo de gestão de time em uma grande empresa. Em certo momento, durante uma reunião com as lideranças seniores, minha diretora me chamou em um canto fora da sala e me repreendeu, pois o CEO estava sem água na mesa. Eu não tinha problema em servir a água, mas para mim ele poderia facilmente levantar e ir até a mesa ao lado pegar seu copo de água como todas as pessoas ao redor faziam quando estavam com sede. Pensando hoje enquanto

14 GUILLÉN, 2021.

eu escrevo, este é um exemplo simples, mas bem ilustrativo, de encontro de geração não apenas com a gestora, mas com a própria cultura da empresa e que, nesse caso, foi esclarecido com um alinhamento de expectativas entre as partes.

A INFLUÊNCIA DAS LIDERANÇAS NO DESENVOLVIMENTO DO TIME

Quando fui promovida a consultora interna de RH aos 20 e poucos anos, tive que conquistar o respeito de profissionais bem mais experientes. Eu era responsável por todo o RH de um terço do Brasil, abrangendo mil funcionários. Meu gestor da ocasião me ensinou a navegação organizacional, me ajudou a entender meus *stakeholders*[15] internos e como me relacionar com cada um deles para realizar o melhor impacto no trabalho que eu precisava entregar na ponta. Aprendi com ele como um gestor mobiliza e motiva um time: confiando e estando junto mesmo quando parece estar longe.

Em outra ocasião, quando pedi demissão, meu gestor entendeu que eu encontraria oportunidades muito melhores para mim em outra empresa. Ele não apenas apoiou, mas me deu dicas valiosas de como eu poderia ter sucesso na próxima atividade. Mais do que olhar para si mesmo, ele estava genuinamente trabalhando pelo meu desenvolvimento. Com os conselhos dele, consegui aproveitar muito a oportunidade (e outras) que tinha pela frente.

15 *Stakeholders* são todas as partes interessadas que influenciam ou são impactadas por uma organização, um projeto ou uma decisão. Isso inclui funcionários e acionistas, bem como clientes, fornecedores e a comunidade.

Também tive gestores que não eram muito inspiradores. Um deles agendava, sem a menor necessidade, reuniões de acompanhamento, aquelas que são só para dizer o que está acontecendo, às 20 horas de sextas-feiras. Por fim, a rotina de mais de doze horas por dia de trabalho, a ambiguidade na gestão e o desrespeito me levaram, assim como outras pessoas daquela empresa, à estafa física e mental, que depois eu entenderia que seria um burnout,[16] antes dos 30 anos de idade.

SAÚDE MENTAL: A RESPONSABILIDADE DA LIDERANÇA NO DESAFIO DO SÉCULO

Por falar em burnout, a geração Y é a que mais apresenta casos desse distúrbio (46,9% versus 38,3% da geração X). Como focou no sucesso profissional acompanhado de propósito, minha geração encontrou uma combinação perigosa. Sim, porque, quando o trabalho faz sentido, a cobrança é interna (vem de nós mesmos) e, por isso, é muito mais poderosa, podendo nos sobrecarregar sem percebermos. A frase de Byung-Chul Han, autor do livro *Sociedade do cansaço*, exemplifica bem o que digo:

> A autoexploração é muito mais eficiente que a exploração estranha, pois caminha de mãos dadas com o sentimento de liberdade. Paradoxalmente, o primeiro sintoma do burnout é a euforia. Lançamo-nos eufóricos ao trabalho. Por fim, acabamos quebrando. (HAN, 2015)

16 Burnout: termo em inglês que significa "esgotamento". É uma síndrome reconhecida pela Organização Mundial da Saúde (OMS), caracterizada por exaustão física e emocional, geralmente causada por estresse crônico no trabalho, que leva à perda de energia, ao distanciamento mental e à redução do desempenho profissional.

E como está a saúde mental das lideranças empreendedoras? Uma pesquisa feita pela Endeavor e divulgada em 2024 mostrou que 94,1% dos empreendedores de alto impacto (aqueles que são líderes de startups e *scale-ups*, empresas com base tecnológica que crescem de maneira exponencial) vivenciam ao menos uma condição adversa relacionada à saúde mental ao longo da carreira. A ansiedade aparece no topo da lista, atingindo 85% desses empreendedores, seguida de burnout (37%), ataque de pânico (22%) e depressão (21%).[17]

Este estudo traz três grandes lições:

1. Mais da metade dos empreendedores pesquisados reconhece que falar de saúde mental ainda é um tabu.
2. Empreendedores de grupos minoritários (como mulheres e pessoas negras) passam por mais pressões, demandando mais esforço intencional para lidar com a saúde mental.
3. Apenas empreendedores com mais tempo de estrada tendem a conversar com investidores sobre temas pessoais, que envolvem também a saúde mental.

Se os empreendedores estão nesta situação, não é difícil imaginar o quanto isso afeta a equipe. Outra pesquisa, feita pelo UKG Workforce Institute, em dez países, revelou que quase metade dos colaboradores (43%) se sentem exaustos e que isso afeta diretamente o desempenho. E mais: 69% dos colaboradores dizem que os gestores têm impacto direto sobre a sua saúde mental.[18] São números impressionantes e que

17 ENDEAVOR BRASIL. *Saúde & Performance de Pessoas Empreendedoras*. Disponível em: https://tinyurl.com/4yby8y9f

18 UKG. *The Impact of Work on Mental Health*, 2 fev. 2023. Disponível em: https://tinyurl.com/yytbsj3f

mostram o quanto é importante preparar as lideranças para a responsabilidade do cargo que têm em mãos.

DECISÕES DIFÍCEIS: LIDERAR TAMBÉM É CONVIVER COM O QUE ESTÁ FORA DO SEU CONTROLE

Certa vez precisei demitir um funcionário por justa causa. Era uma pessoa jovem com um potencial gigante, e eu acreditava e apostava nele. Lidar com esse sentimento me fez entender que desenvolver uma pessoa não depende apenas de mim (isso seria muita prepotência) e da minha expectativa, mas também do que a outra pessoa deseja para si mesma, e o líder precisa entender como lidar com esse limite também.

Anos depois, cheguei ao Vale do Silício. Ali aprendi que:

> Liderança envolve tomar decisões difíceis, mas necessárias para o bem da empresa e das próprias pessoas.

Fui contratada no momento da reorganização geral da empresa, o que já previa desligar algumas pessoas. Como fazer isso com o máximo respeito possível? Há decisões que precisam ser tomadas para que o negócio sobreviva no longo prazo, mas sempre de maneira responsável, pensando no bem de ambas as partes.

Um dos grandes aprendizados nessa empresa foi o modo como aquilo era feito: sempre respeitosamente com os funcionários e de maneira alinhada e coerente com a cultura da organização. O respeito e a consideração que eram aplicados aos clientes também eram praticados com os seus colaboradores. Eu aprendi que era possível haver empresas bem-intencionadas e coerentes (internamente e externamente), elementos fundamentais em lideranças inspiradoras de verdade.

E VOCÊ NISSO TUDO? O LÍDER É PARTE DA SOLUÇÃO

As minhas experiências profissionais são um exemplo do que muitos profissionais vivem. Em maior ou menor grau, todos já vivenciaram a força de um bom gestor e o impacto de um gestor ruim. E aposto que ninguém assume uma posição de gestão determinado a ser um gestor ruim, certo? Então o que explica o que encontramos por aí?

Eu te digo. Lembra que falamos que muitas pessoas são promovidas pela parte técnica da função que ocupam? Pois então, quando chegamos a uma função de gestão e liderança, precisamos nos desenvolver em mais três aspectos:

1. **Autoconhecimento:** como reconhecer emoções, identificar gatilhos e evitar decisões impulsivas ou comportamentos que prejudiquem relações, a dinâmica de trabalho e os resultados.
2. **Gestão de pessoas:** como contratar, desenvolver e liderar equipes diretas ou indiretas.
3. **Dinâmicas organizacionais**: como compreensão de gestão, cultura, mobilização política e outras.

A liderança precisa desse tripé para se sustentar, se faltar uma das hastes, ela não se mantém. Mas muitas vezes isso não está claro e não sabemos por onde começar. E, como geralmente preferimos a área que já dominamos, não raro novos gestores insistem em seguir aprimorando a parte técnica de sua função, negligenciando esses fatores.

Como funciona esse tripé? Eu vou explicar:

Autoconhecimento: liderar começa de dentro para fora

Para explicar esse tripé, vamos começar pelo básico, mas talvez o mais desafiador. A liderança exige muito mais do que conhecimento técnico, ela exige autopercepção e controle emocional. Por isso, quando falta autoconhecimento, o líder tem grandes chances de reagir de maneira reativa e impulsiva, frequentemente justificando comportamentos inadequados como sendo parte do seu jeito de ser, sem considerar o impacto que causa no ambiente e nas pessoas. Sem se conhecer adequadamente, o líder pode se sentir ameaçado por feedbacks, evitar conversas difíceis e ainda cair em padrões autossabotadores, como microgestão ou decisões precipitadas. Além disso, falhas em reconhecer os próprios gatilhos emocionais podem gerar desconfiança na equipe e comprometer o respeito e a produtividade.

Adam Grant diz que ser você mesmo não é desculpa para desrespeitar os outros.[19] Portanto, é necessário refletir sobre suas ações e ajustar comportamentos quando necessário.

19 Em post publicado no Instagram em 15 out. 2023.

Gestão de pessoas: nenhuma estratégia sobrevive a uma equipe desmotivada

Não deve ser novidade para você que liderar uma equipe seja garantir que cada pessoa tenha as condições ideais para performar bem, certo? Isso envolve contratar pessoas alinhadas à empresa, fornecer feedbacks claros, criar oportunidades para o crescimento profissional e muito mais. Por isso, a liderança que não domina os fundamentos da gestão de pessoas acaba tomando decisões baseadas em achismos, criando desigualdades dentro do time e dificultando o crescimento coletivo. No longo prazo, o líder que não se apropria dessa camada importante de processos de gestão de pessoas cria uma verdadeira fragilidade que compromete a retenção de talentos e afeta diretamente o desempenho e os resultados do negócio.

Dinâmicas organizacionais: a liderança não acontece no vácuo

Por fim, mas não menos importante, a liderança não acontece sozinha. Ela está inserida dentro de um sistema organizacional com regras formais e informais.

Quando falta conhecimento de dinâmicas organizacionais, o líder encontra dificuldade em articular uma visão clara, em engajar o time e em alinhar decisões operacionais ao contexto mais amplo da organização. Isso gera desalinhamento, resistência e até ineficiência em entregas e resultados. Em ambientes complexos, essa lacuna compromete a capacidade de resolver problemas de maneira eficaz e limita a visão para identificar oportunidades e sustentar o crescimento da organização.

A esta altura (e ainda estamos no segundo capítulo), você já entendeu por que é um erro considerar que somente as habilidades técnicas são suficientes quando se fala em assumir um cargo de liderança. Independentemente do apoio externo para se desenvolver, cabe a cada pessoa buscar seu próprio amadurecimento profissional, que está diretamente conectado ao nosso amadurecimento pessoal. Aliás, são as crises e os desafios que impulsionam nosso amadurecimento, e essas experiências nos ajudam a nos transformar em versões mais fortes e conscientes de quem somos. Para aproveitar essa oportunidade ao máximo, é preciso se apropriar do seu próprio desenvolvimento, compreender o que faz sentido para sua jornada e para sua maneira de liderar. Afinal:

> **É no encontro com o seu jeito único de liderar que você encontrará a coerência para inspirar, engajar e fazer a diferença.**

É essa liderança genuína que deixará um impacto verdadeiro no seu time e na organização.

Falando em liderança genuína, quero que pense antes de ir para o próximo capítulo: você sabe qual é o seu jeito único de liderar?

3. A PIRÂMIDE DA LIDERANÇA

O DESENVOLVIMENTO DE DENTRO PARA FORA

Trate os colaboradores muito bem para que eles tratem os convidados ainda melhor.

Inspirado na filosofia de atendimento da The Walt Disney Company.

Uma das principais marcas dos parques Disney, em qualquer lugar do mundo, é a excelência na hospitalidade. Os visitantes – ou melhor, convidados, como eles chamam seus clientes – são recebidos pelos colaboradores sempre com um sorriso, seja apenas para dar um "bom dia", um "seja bem-vindo" ou até para atender diferentes solicitações do público, como uma dúvida sobre a localização de um brinquedo ou até ajuda para uma situação excepcional. Se uma criança passa mal, por exemplo, rapidamente um *cast member* aparecerá para encaminhá-la ao atendimento médico. A ideia é atender a todos os visitantes da melhor maneira, de modo que todos saiam satisfeitos, mantendo a sensação de magia que os parques tanto pregam.

Mas esse clima não existe por acaso. A experiência do cliente Disney é moldada a partir da experiência do funcionário. A empresa entende que, se ela quer encantar os visitantes, primeiro precisa encantar quem trabalha lá. Dessa maneira, a companhia olha o que cada colaborador pode oferecer de melhor e não apenas os processos que cada um terá que cumprir dentro da sua área de atuação. Para a Disney,

> a liderança acontece em todas as funções, em todos os níveis e em todos os departamentos da organização. Quando uma organização tem uma base de valores comuns, ela lidera pelo exemplo. Quando os líderes expressam a visão da empresa de uma forma vívida e criativa, como contar histórias, isso motiva as pessoas a agirem no presente. E, quando os líderes constroem relacionamentos baseados na confiança, as informações fluem de uma forma que beneficia a organização. (DISNEY INSTITUTE, 2023)

Empresas desse tipo mostram que é possível ter uma gestão de pessoas competentes, humana e responsável e o quanto isso reverte em benefício para a empresa, pois ela recebe em troca pessoas mais parceiras do negócio e comprometidas em dar o seu melhor. Ou você acha que, se os colaboradores não trabalhassem felizes, eles conseguiriam atender tão bem o cliente?

Porém essa não é a realidade de todas as pessoas. Então eu afirmo:

A pessoa mais interessada em seu desenvolvimento precisa ser você mesmo. Sem protagonismo, não há crescimento, não há desenvolvimento.

Mas a primeira pergunta que surge é: por onde começar?

Minha experiência em empresas serviu como um grande laboratório. Entendi e vi na prática que lideranças diferenciadas, positivas e inspiradoras tinham o tripé **autoconhecimento ↔ gestão de pessoas ↔ dinâmicas organizacionais** bem desenvolvido. Quando juntamos esses aspectos, conseguimos navegar de maneira autêntica, segura e efetiva.

Analisando esse cenário, eu cheguei aos sete passos que compõem a Pirâmide da Liderança:

Figura 1: Pirâmide da Liderança.
(Elaborada pela autora)

Cada um desses patamares é importante para formar uma liderança mais comprometida, mais fortalecida, ciente do seu papel e de como isso afeta – ou melhor, beneficia – as pessoas que estão ao seu redor. Para chegar nessa pirâmide, passei pelo

Acreditem: não existe coisa pior para um time do que um gestor frustrado com seu trabalho e que não tem consciência disso ao descontar nas pessoas que reportam a ele.

menos três anos de estudos bem focados. Pesquisei referências dentro e fora do Brasil, analisei o que pensam os especialistas do setor e ainda avaliei tudo o que aprendi durante a minha carreira.

A Pirâmide da Liderança é a linha de partida para fazer esses três pontos caminharem com fluidez. Se o gestor não entende como mobilizar o time, ele não consegue apoiar a empresa e juntar todas as partes interessadas de maneira coerente. Mas aprender a pirâmide vai significar o fim dos desafios? É claro que não, mas você estará mais bem preparado para lidar com eles.

Tudo começa com o autoconhecimento, "**Que tipo de líder eu sou?**"; essa é a base da pirâmide. Ninguém consegue gerir um time sem antes entender a si próprio. Se você não se apropria do que tem de talentos, facilidades, do que precisa para aprimorar seus pontos cegos, como vai lidar com as outras pessoas?

Uma vez que o líder tem a curiosidade e determinação em se autoconhecer, o próximo nível, "**O que me move?**", é entender os motivos pelos quais está trabalhando e o que faz você permanecer nesse lugar de maneira consciente. Sim, pois cada um tem uma motivação própria para escolher permanecer trabalhando onde está. Eu estou aqui por opção? Se escolhi estar aqui, quais são os motivos que me fazem ficar? Estou comprometido? Conhecendo os prós e contras de onde trabalho, é isso mesmo que eu quero? Se sim, ótimo, vamos nos dedicar. Se não, como entrego meu trabalho, enquanto não há outra oportunidade?

No degrau 3 da pirâmide, "**Onde estou demanda o quê?**", o foco está no ambiente organizacional e o que ele exige de você, como entender a cultura da organização, as implicações para seu papel e da tecnologia para navegar aquele ambiente de forma positiva. Afinal, não dá para achar que você trabalha dentro de uma bolha, apenas você e o time.

Passamos para o nível 4 da pirâmide. Em "**Sou gestor, e agora?**" você vai entender o básico que precisa ser feito desde o primeiro dia liderando um time direto, porque esperar alguém explicar como se faz vai levar tempo. Lendo esse capítulo, você vai entender o que será exigido nesta missão: contratar, comunicar, delegar, treinar, monitorar, avaliar, promover, demitir.

Seguimos, então, para o nível 5 "**Quem está comigo?**", no qual iremos entender como seu time foi formado e como entender individualmente cada pessoa que reporta para você. Afinal, não tem como trabalhar com um time que você não conhece direito (ou pelo menos não tem como trabalhar da melhor maneira).

No nível 6, falaremos sobre "**Como levo quem está comigo?**" e trataremos sobre como mobilizar o time e stakeholders para os objetivos da organização. Afinal, liderar não é apenas apontar uma direção e dizer "vamos para lá" ou simplesmente definir metas e esperar que a equipe as cumpra. A liderança exige muito mais do que isso. Esse é um dos aspectos mais desafiadores e, ao mesmo tempo, mais recompensadores da liderança.

Finalmente, chegamos ao topo da pirâmide "**Meu jeito único de liderar**". Nesse momento, você já entendeu como ser líder, já sabe como engajar o seu time e como lidar com todos os processos básicos da gestão de pessoas, então está preparado para ser você mesmo na liderança, seja qual for o seu estilo.

A partir de agora, você vai conhecer cada nível dessa pirâmide. Ela é a base para a formação da sua liderança única, responsável e protagonista. Aqui você não terá a resposta para tudo de que precisa, mas um delineamento geral de tudo o que precisa ser considerado, como se fosse um mapa. E a partir daí fica o convite para se aprofundar em cada tema separadamente, comigo ou com outros autores.

Este livro que tem em mãos é um chamado para que você, como líder, pense no seu comportamento e, com o conhecimento adequado, questione como pode ser uma pessoa melhor para si mesmo, para o seu time e para os outros, entendendo justamente como usar seu estilo para navegar a organização e aplicar as ferramentas básicas de gestão. Sempre podemos ser amanhã uma versão melhor do que somos hoje, desde que sejamos os protagonistas das nossas ações, e não coadjuvantes. Este é o meu convite para você.

Ao longo do livro, eu trago especialistas para contar as suas experiências a respeito do assunto apresentado e ainda um exercício para ajudar você a fixar tudo o que foi aprendido. Pensei neste formato levando em consideração estudos que indicam que a retenção de conhecimento muda de acordo com as técnicas e os métodos utilizados. Um dos estudos é atribuído ao NTL Institute, nos Estados Unidos, e mostra que retemos 10% do conteúdo que lemos, 20% do que ouvimos, 30% do que observamos, 50% do que discutimos e 70% do que praticamos (neste caso, de algum exercício que fazemos).[20] E, como eu quero que este livro seja prático e que você obtenha o máximo de conhecimento possível, proponho que você faça esses exercícios para aproveitar a experiência completa.

Você está começando uma nova jornada, e o primeiro passo para o seu aperfeiçoamento – e, por que não, a sua mudança? – começa agora.

---

20 LETRUD, 2012.

4. NÍVEL 1 DA PIRÂMIDE DA LIDERANÇA:

QUE TIPO DE LÍDER EU SOU?

O autoconhecimento é o primeiro componente da inteligência emocional — a capacidade de reconhecer um sentimento no momento em que ele acontece.

Daniel Goleman

Uma das questões que eu mais escuto de meus clientes é: "gerir pessoas é tão difícil!". E eu digo: "é mesmo". Lidar com pessoas é um desafio por vários motivos.

Primeiro, porque é imprevisível, já que cada pessoa vem com um contexto, uma bagagem e um ponto de vista, então o que funciona com uma pode não funcionar com outra pessoa. Segundo, porque nem todo mundo está no mesmo estágio de desenvolvimento emocional ou de maturidade, o que pode criar dificuldades em alinhar expectativas e formas de trabalho. Terceiro, porque, enquanto não se tem consciência de si mesmo e dos próprios gatilhos (aquilo que o tira do sério), a relação com o outro pode ser ainda mais desafiadora.

Por outro lado, quando líderes têm consciência de si mesmos e aplicam sua personalidade junto ao time, a relação muda. Um estudo publicado no *Journal of Management*, em 2008, mostrou que líderes autênticos são capazes de promover maior comprometimento organizacional e maior desempenho dos liderados.

Para chegar a essa conclusão, os pesquisadores criaram um modelo de liderança autêntica em que um dos elementos era justamente o autoconhecimento do líder.[21]

Já outro estudo conduzido pelo pesquisador Paulo Jorge Ribeiro do Rego, na Universidade de Lisboa, em 2014, explorou justamente essa relação entre uma liderança autêntica e o comprometimento do time. Ele concluiu que líderes que agem de acordo com os seus valores e mantêm relações transparentes tendem a construir maior confiança e engajamento com suas equipes.[22]

Ao longo dos anos trabalhando com diferentes senioridades, percebi na prática o que esses estudos mostram:

Quanto mais verdadeiro você for com seu próprio estilo, melhor será sua liderança.

Mas se autoconhecer não é uma tarefa fácil. Se fosse, nós teríamos mais do que 15% de pessoas que realmente se conhecem, conforme relatou a psicóloga norte-americana Tasha Eurich, em seu livro *Insight*.[23] É que mergulhar no autoconhecimento é mais do que conhecer as suas vontades. Autoconhecer-se é ter uma relação de verdadeira intimidade consigo mesmo, entendendo suas emoções, seus pensamentos e a influência disso tudo no seu comportamento e na sua tomada de decisões.

Quando levamos esse tema para o ambiente corporativo, ele ganha ainda outra dimensão. Lideranças que não buscam

---

21 WALUMBWA; AVOLIO; GARDNER; WERNSING; e PETERSON, 2008.

22 REGO, 2014.

23 EURICH, 2017.

autoconhecimento podem ser desastrosas de várias maneiras, pois se tornam incapazes de gerir conflitos, comunicar-se com clareza, reconhecer talentos e criar um ambiente saudável. Isso compromete não apenas os resultados, mas também a motivação e o bem-estar da equipe.

Por outro lado, um estudo publicado em 2001 na Harvard Business Review, pelo psicólogo e especialista em inteligência emocional Daniel Goleman, junto com Richard Boyatzis e Annie McKee, mostrou que líderes com altos níveis de autoconhecimento conseguem desenvolver relacionamentos mais fortes e liderar com mais empatia e compreensão, levando as equipes a serem mais produtivas. Embora o estudo não forneça números específicos ou percentuais de retorno sobre investimento (ROI) relacionados ao autoconhecimento na liderança, os autores destacam que líderes emocionalmente inteligentes criam ambientes de trabalho positivos que melhoram o desempenho organizacional.[24] E mais: também são mais capazes de inspirar equipes, preparando os colaboradores para serem novos líderes.[25]

Uma boa liderança, portanto, parte de se autoconhecer. Por isso, esse é o nível 1 da Pirâmide da Liderança: "afinal, que tipo de líder é você?".

Para começar a falar sobre autoconhecimento, quero contar uma história de um cliente que assumiu atividades que não eram óbvias ou naturais para ele. Mesmo não estando motivado, ele simplesmente não conseguia dizer não. Aos poucos, passou a ser um líder mais ausente e não tinha mais a mesma

24 BOYATZIS; GOLEMAN; e MCKEE, 2001.

25 BRACHT; KENG-HIGHBERGER; F. AVOLIO; e HUANG, 2021.

garra para mobilizar o time. Evitava reuniões com a equipe e adiava conversas com seus liderados.

O que aconteceu com meu cliente? Estava insatisfeito, mas não conseguia tomar uma decisão. Quem não quer entrar nesse looping precisa se autoconhecer. Existem diversas iniciativas que podem ajudar você nesta busca. Terapia, coaching, mentoria, esporte, reflexões individuais e até mesmo os amigos podem ajudar. Eu, quando desenvolvo lideranças em empresas no primeiro degrau da pirâmide "Que tipo de líder sou", trabalho essencialmente quatro aspectos que considero básicos:

1. Esclarecemos o que é ser líder. Aqui a maior importância é dar visibilidade e consciência ao que se é hoje e o que gostaria de desenvolver.
2. Identificamos o que faz a pessoa única. Seus talentos (habilidades naturais) e pontos fortes e como cuidar de seus pontos cegos (talentos que, se utilizados de maneira descabida, viram um baita ponto fraco).
3. Exploramos seu estilo natural de liderança, assim como navegamos entre diferentes estilos de liderança.
4. Exploramos o autogerenciamento; afinal, não dá para gerenciar ninguém sem antes entender como gerenciar a si mesmo.

Acho que você deve estar interessado em entender cada um desses quatro aspectos. Vou explicá-los:

1) Líder ou gestor?

Esses termos são altamente usados no contexto organizacional, mas têm significados distintos e implicam diferentes abordagens na maneira como as pessoas são dirigidas e influenciadas. Veja o meu conceito para cada um desses termos:

- **Líder:** um líder tem a capacidade de motivar e capacitar indivíduos ou equipes para alcançar objetivos e metas comuns. Ele inspira confiança, tem visão clara e guia os outros em direção a essa visão, incentivando o crescimento e o desenvolvimento pessoal e profissional. Ser um líder não está necessariamente ligado a uma posição hierárquica, mas sim a uma atitude e influência positiva dentro de um grupo. Assim, é possível uma pessoa ser líder mesmo sem ocupar a posição de liderança formal.
- **Gestor:** é um termo que traz uma posição hierárquica de uma pessoa em uma função responsável por planejar, organizar, dirigir e controlar os recursos de uma organização, incluindo pessoas, para atingir os objetivos da empresa. Em geral vejo muitos gestores de primeira viagem que, ao longo do tempo e com mais autoconfiança e autoconhecimento, se desenvolvem como lideranças.

2) Identificando seus pontos fortes

Um estudo conduzido pela Gallup mostrou que equipes que utilizam seus pontos fortes diariamente são 7,8% mais produtivas e apresentam uma probabilidade 12,5% maior de alcançar resultados de desempenho superiores.[26] Além disso, a Gallup destaca que funcionários que recebem desenvolvimento baseado em seus

26 YNNER, 2020.

pontos fortes são de 7% a 23% mais envolvidos com a empresa.[27] Portanto, identificar seus talentos e transformá-los em pontos fortes é benéfico no seu dia a dia e ainda ajuda a desenvolver um estilo de liderança mais verdadeiro.

O CliftonStrenghts é um *assessment*[28] de pontos fortes desenvolvido por Donald Clifton e uma das ferramentas de desenvolvimento da Gallup que ajuda a descobrir os chamados "talentos naturais" de cada pessoa. Por essa ferramenta, os talentos são divididos em quatro domínios principais: execução, influência, construção de relacionamentos e pensamento estratégico.[29]

E por que você deve descobrir os seus talentos naturais? Porque nem sempre é um ponto forte. De acordo com o CliftonStrenghts:

Um talento se torna um ponto fraco quando é usado de maneira descontrolada, mal direcionada ou em excesso.

Ou seja, sem consciência, podemos usar um talento de forma desalinhada e descontrolada, gerando impactos que não são positivos. Por exemplo, se você tem o talento do "comando", pode ser naturalmente assertivo e influente, mas, se esse talento for usado de maneira autoritária ou insensível, pode se tornar uma fraqueza, causando conflitos ou desmotivando os outros.

27 GALLUP. *CliftonStrengths para Equipes e Gestores*. Disponível em: https://tinyurl.com/35jx6597

28 *Assessment*: avaliação feita para conhecer melhor as habilidades, características ou comportamentos de uma pessoa ou equipe.

29 GALLUP. *A história do CliftonStrenghts*. Disponível em: https://tinyurl.com/wepejj24

Para transformar um talento em um ponto forte, é necessário desenvolvê-lo da seguinte maneira, de acordo com a abordagem do CliftonStrenghts:

TALENTO + INVESTIMENTO (CONHECIMENTO + PRÁTICA) = PONTO FORTE[30]

Em que:

- **Talento:** padrões recorrentes de pensamento, sentimento e comportamento que podem ser aplicados de maneira produtiva.
- **Investimento (conhecimento + prática):** o conhecimento são as informações relevantes e contextuais sobre como usar os talentos, enquanto a prática é a aplicação dos talentos em situações reais.
- **Ponto forte:** quando os talentos são refinados, treinados e desenvolvidos, podem se transformar em pontos fortes.

Utilizar os talentos em diferentes contextos e em situações que demandam resultados ajuda a consolidar o aprendizado. Além disso, buscar feedback de colegas, líderes ou mentores pode ajudar a ajustar e refinar o uso do talento em situações específicas.

Ao desenvolver nossos talentos, nossas ações se tornam mais naturais e genuínas, pois, quando utilizamos de maneira natural aquilo que fazemos de melhor, expressamos quem somos com confiança e consistência. Isso nos permite adaptar nossas habilidades às diferentes situações, mantendo nossa

30 Fórmula disponível em: https://tinyurl.com/239x92dz. Acessado em: set. 2025.

identidade, ao mesmo tempo que valorizamos e respeitamos as qualidades únicas dos outros.[31]

3) Principais tipos de liderança

Compreender seu estilo de liderança permite ao gestor ter clareza sobre suas forças, fraquezas e a maneira como suas ações e decisões impactam a equipe. Um líder consciente de seu estilo pode ajustar seu comportamento para atender melhor às necessidades da equipe e da organização.

Existem diversos estudos que descrevem os principais tipos de liderança, mas para este livro eu optei por trazer os seis estilos de acordo com Daniel Goleman. Veja quais são:

31 Nota da autora: se você se interessou e quer conhecer seus talentos, recomendo que faça um *assessment*. As informações podem ser encontradas no site da entidade (www.gallup.com.br). Acesse também um vídeo em que explico por que trabalhar seus pontos fortes faz a diferença: https://www.youtube.com/watch?v=A3rJYWde3XY

	Coercitivo	Visionário	Afetivo	Democrático	Modelador	Treinador
Modo de agir	Exige obediência imediata	Mobiliza pessoas em torno de uma visão	Cria harmonia e constrói vínculos emocionais	Forja consenso mediante participação	Estabelece padrões de desempenho altos	Desenvolve pessoas para o futuro
Seu estilo	"Faça o que eu digo."	"Venha comigo."	"As pessoas em primeiro lugar."	"O que você acha?"	"Faça o que eu faço, agora."	"Experimente isso."
Competências quanto à inteligência emocional	Ímpeto para alcançar conquistas, iniciativa, autocontrole	Autoconfiança, empatia, catalisador de mudanças	Empatia, construção de relacionamentos, comunicação	Colaboração, liderança de equipe, comunicação	Conscientização, ímpeto para alcançar conquistas, iniciativa	Desenvolvimento focado nos outros, empatia, autoconhecimento
Funciona melhor...	Em crises, para começar rapidamente uma recuperação ou com funcionários problemáticos	Quando mudanças requerem nova visão ou quando é necessária uma direção clara	Para contornar cisões na equipe ou motivar pessoas em situações estressantes	Para construir aceitação ou consenso ou para ter a contribuição de funcionários-chave	Para obter resultados rápidos de uma equipe altamente motivada e competente	Para ajudar um funcionário a melhorar o desempenho ou a desenvolver capacidades de longo prazo
Impacto geral no clima	Negativo	Fortemente positivo	Positivo	Positivo	Negativo	Positivo

(Adaptado de GOLEMAN, 2018)

Você se identificou com algum desses estilos? Ou se identificou com vários deles? Se você se enxergou em dois ou mais estilos, não se preocupe. Nenhum estilo gerencial é único. Em geral, temos um mais forte, mas flutuamos entre outros de acordo com a necessidade, pois nosso estilo de gestão pode ser bastante situacional. Assim, podemos ser democráticos em uma situação e treinadores em outra. Coercitivos em certa ocasião e visionários em outro momento e assim por diante. Isso não é sinal de falta de personalidade, mas sim demonstra intencionalidade em se adaptar ao que o momento demanda; o que exige um autoconhecimento enorme.

Mas o fato é que cada pessoa tem um estilo que é mais marcante, e a eficiência de um bom gestor depende de entender e fazer as pazes com essas características, porém sem fechar os olhos para demandas que exigem abordagens diferentes, mesmo que sejam acionadas pontualmente. Para Daniel Goleman, líderes mais eficazes alternam entre os estilos com flexibilidade.

GERENCIANDO A SI MESMO

Autogestão para uma liderança refere-se à capacidade de gerenciar a si mesmo de maneira eficiente e equilibrada, desempenhando suas responsabilidades com clareza e foco, enquanto mantém controle sobre suas emoções, comportamentos e prioridades. É uma competência essencial que abrange várias dimensões:

1. **Gestão do tempo e prioridades** – a habilidade de organizar e priorizar tarefas para maximizar o impacto, evitando a sobrecarga de trabalho e mantendo o foco em questões estratégicas.

2. **Autoconsciência e controle emocional**[32] – entender suas próprias forças, limitações, emoções e gatilhos para tomar decisões e agir de maneira intencional.
3. **Disciplina e foco**[33] – manter a consistência no cumprimento de metas e na realização de tarefas importantes, mesmo diante de distrações ou desafios.
4. **Capacidade de autorrenovação**[34] – incorporar práticas que promovam o bem-estar físico, emocional e mental, como pausas, autocuidado e alinhamento com valores pessoais.

Diante disso, aqui vão algumas dicas para organizar melhor a sua rotina ao mesmo tempo que gera mais energia para o seu trabalho:

- Entenda o tempo que você está disposto a dedicar ao trabalho.
- Entenda a diferença entre urgente e importante.
- Estabeleça prazos e negocie-os quando necessário.
- Planeje sua semana e seu dia de maneira antecipada.
- Preencha no máximo 70% da sua agenda e deixe 30% livre para eventualidades e para respiros.
- Bloqueie na sua agenda compromissos pessoais de saúde.
- Alterne compromissos indigestos com compromissos que o energizam (física, emocional, mental e espiritualmente).

***

32 GOLEMAN, 1995.

33 CLEAR, 2019.

34 SCHWARTZ e MCCARTHY, 2007. Disponível em: https://tinyurl.com/4ss66vvv

Como você vê, não é tão difícil se autoconhecer. Eu entreguei técnicas e muitas dicas neste capítulo. O que você precisa é ser hoje mais consciente do que foi ontem. Lembre-se sempre de que neste mergulho todos ganham: a empresa, seu time e você mesmo. Então para que esperar mais? Vamos praticar agora mesmo!

PONTO DE VISTA, COM MÔNICA DUARTE SANTOS[35]

Diferentes estilos de liderança: isso é importante para o negócio

Mônica Duarte Santos é VP de Pessoas na Stone. Formada em Psicologia pela PUC-Rio, tem MBA pelo Ibmec e pela FIA-USP e concluiu o programa Chief Human Resources Officer da Wharton Executive Education. Já atuou em empresas como Banco Pactual, Nokia, Google e Loggi.

Ao longo dos anos, trabalhando na área de Recursos Humanos, aprendi a identificar estilos diferentes de liderança. Conheci líderes autocráticos, cujo estilo funciona bem em situações que exigem decisões rápidas e assertivas. Já o estilo democrático favorece a colaboração e o engajamento do time. Ainda observei o gênero laissez-faire, que funciona bem com profissionais altamente capacitados porque dá liberdade para que esses colaboradores controlem as suas entregas. Há também a liderança transformacional que inspira as pessoas para irem além do esperado e é essencial para momentos de mudança e inovação e, finalmente, a liderança transacional, que foca na execução eficiente de processos e metas.

Durante a minha trajetória de desenvolvimento pessoal e profissional, fui reconhecendo o estilo de liderança que mais

35 Perfil de Mônica Santos no LinkedIn: https://www.linkedin.com/in/monicasantos1905. Acessado em: 10 jun. 2025. Confira também o episódio do Pod Liderar Podcast com a especialista. Disponível em: https://www.youtube.com/watch?v=4i8-DAFcLvw. Acessado em: 26 abr. 2025.

se alinhava à minha maneira de ser. Nesse processo de autoconhecimento, encontrei apoio no conceito de Liderança Situacional, desenvolvido por Paul Hersey e Ken Blanchard. Essa abordagem defende que não há um único estilo ideal, mas sim a necessidade de adaptar a liderança conforme o grau de maturidade e competência da equipe. Essa perspectiva reforça a importância da flexibilidade no exercício da liderança, deixando claro que não existe um modelo superior ao outro. O verdadeiro sucesso na gestão está na habilidade do líder de transitar entre diferentes estilos, conforme as demandas do negócio e das pessoas envolvidas. Afinal, o melhor líder não é aquele que se prende a um padrão fixo, mas sim aquele que se conhece, age com autenticidade e, justamente por isso, consegue se adaptar para extrair o melhor do time.

O meu estilo, na maior parte do tempo, é o democrático. Creio que o líder deva remover barreiras para que cada um possa fazer o seu melhor e desenvolver o seu potencial, privilegiando a autonomia. Porém, procuro equilibrar esse meu jeito com o direcionamento adequado. Confio no time, mas sei que, em determinados momentos, é necessário ser mais estruturador para dar clareza sobre o caminho a seguir. A maneira de fazer isso é deixando claro quando estou somente dando a minha opinião e abrindo para que todos possam contribuir e quando é o momento de tomar a decisão e seguir em frente.

Esse equilíbrio foi importante para lidar com o time da Loggi. Quando cheguei, encontrei um time de RH fragmentado, com dois grupos em pé de guerra, cheios de mágoas e dificuldades de relacionamento. Essa situação prejudicava a eficiência da área – o primeiro eNPS[36] do time foi o mais baixo da empresa –, e isso era percebido por todos, impactando a credibilidade do setor.

Eu comecei ouvindo. Conversei com cada pessoa, pedindo que compartilhassem suas experiências, seus desafios e suas

36 eNPS é a sigla para Employee Net Promoter Score, uma ferramenta que mede a satisfação e o engajamento dos colaboradores. É uma adaptação do NPS (Net Promoter Score), que é usado para medir a fidelidade de clientes.

expectativas. Em seguida, deixei claro para o time que não estávamos ali para fazer amigos, mas sim entregar resultados em um ambiente profissional, cordial e produtivo. Também construí pontes com áreas parceiras, promovendo colaboração interna.

Ao longo dos primeiros meses, algumas pessoas optaram por sair e outras chegaram sem as cargas emocionais anteriores. Com o tempo, o time se transformou, e nosso eNPS se tornou o mais alto da empresa, mostrando que a equipe encontrou felicidade e propósito no trabalho. Esse resultado não foi um mérito apenas meu, mas de todos que embarcaram na jornada de construir um time unido, tanto que nosso lema se tornou One People.

Isso mostra que criar um time forte não acontece do dia para a noite e que requer intencionalidade e consistência durante toda a nossa jornada. Minha maior recomendação para você que está lendo este livro: coloque como missão a criação de um ambiente de colaboração e segurança psicológica. Quando as pessoas se sentem seguras para contribuir, errar e aprender, elas se tornam mais engajadas, produtivas e inovadoras.

AGORA É A SUA VEZ

ENTENDENDO SEU ESTILO

Qual dos seis estilos de liderança (coercitivo, visionário, afetivo, democrático, modelador, treinador) você acha que mais utiliza no seu dia a dia?

____

____

____

____

Como você percebe o impacto desse estilo na sua equipe? Como seus colegas reagem a ele?

Em quais situações você recorre mais frequentemente a esse estilo?

Qual dos seis estilos de liderança você menos utiliza?

Qual estilo você acredita que seria o mais adequado para os desafios atuais da sua equipe?

Você já precisou adaptar seu estilo de liderança? Descreva uma situação e o que aprendeu com ela.

REFLEXÃO FINAL

O que você aprendeu sobre seu estilo de liderança que antes não estava claro?

O que quer fazer com o que aprendeu?

5. NÍVEL 2 DA PIRÂMIDE DA LIDERANÇA:

O QUE ME MOVE?

Motivação é fiazer algo que importa, com pessoas que importam e num lugar onde você pode ser você mesmo.

Autor desconhecido

Conheço pessoas que passam a vida trabalhando sem entender os reais motivos que as fazem permanecer em seus empregos – seja segurança financeira, rotina, medo da mudança ou reconhecimento social. Assim, acabam se sentindo presas a uma dinâmica que não conseguem nem nomear. Essa falta de intimidade com o próprio sentimento pode gerar insatisfação e a sensação de estar apenas "seguindo o fluxo", sem tomar as rédeas de suas decisões de forma intencional.

Tive um cliente que se sentia desmotivado após anos no mesmo cargo gerencial. Durante seu processo de desenvolvimento, ele entendeu que sua principal motivação em permanecer onde estava era a segurança financeira, mas que isso custava a realização pessoal de atuar em algo mais desafiador. Mas:

Não existe nada pior para um time do que um líder que não gostaria de estar onde está.

Com a clareza da motivação que o mantinha naquele cargo, meu cliente passou a se responsabilizar pelo seu futuro. Estabeleceu metas para aprender novas habilidades, identificar oportunidades e planejou sua transição dentro daquela organização (ou até mesmo fora, se fosse preciso). Essa mudança de perspectiva transformou sua relação com o trabalho, melhorou a qualidade de sua dedicação, o ajudou a conversar internamente, planejar seus passos e a tomar decisões conscientes.

Em outro caso, uma cliente empreendedora adorava desenvolver estratégias, mas não gostava da gestão de pessoas, tarefa que passou a assumir à medida que a empresa crescia. Resolver conflitos e acompanhar o time não a motivava, mas era algo que cada vez tomava mais o seu tempo. Não demorou muito para que agisse com um certo desleixo, o que impactou na própria empresa, com rotatividade e falhas de processo, levando a problemas de financeiros no negócio.

Após refletir, ela aceitou que sua maior motivação era criar ideias para um negócio forte, mas também entendeu que mobilizar e engajar sua equipe era um papel que precisaria assumir de braços abertos naquele estágio da organização. Decidiu então mudar sua abordagem. Em vez de agir reativamente, passou a atuar de forma intencional e preparada. Estudava abordagens customizadas para a equipe, refletia sobre suas ações e se preparava antes dos momentos com o time. Com isso, engajou a equipe, equilibrou suas funções, reconectou-se com sua visão empreendedora sem abrir mão da liderança no momento em que seu time e seu negócio mais precisavam. O negócio voltou a performar bem.

O que aconteceu em ambos os casos foi algo óbvio, porém não tão simples. Os dois se analisaram, entenderam suas motivações, o que os engajava, o que os limitava, seus objetivos, e traçaram planos claros para serem colocados em prática com consistência, encontrando, portanto, o que os movia para estarem onde estão. Esse é o tema do nível 2 da Pirâmide da Liderança.

QUAL É A SUA MOTIVAÇÃO?[37]

Motivação e objetivo, embora estejam conectados, são conceitos diferentes. Objetivo é o "o quê", ou seja, o resultado que você deseja alcançar. É algo claro, mensurável e direcionado, como "abrir minha empresa" ou "atingir uma promoção no próximo ano". Já a motivação é o "porquê", o motivo interno que impulsiona você a perseguir esse objetivo. É um verdadeiro combustível emocional e psicológico que sustenta suas ações ao longo do caminho, como o desejo de segurança financeira, o prazer em resolver problemas ou a vontade de criar um impacto positivo no mundo. Mas dificilmente você terá êxito em atingir o seu objetivo sem passos definidos (o "como") ou um plano para isso.

37 Adaptado do conceito de Golden Circle, de Simon Sinek, inicialmente proposto pelo autor para as organizações em seu livro *Start With Why: How Great Leaders Inspire Everyone to Take Action*.

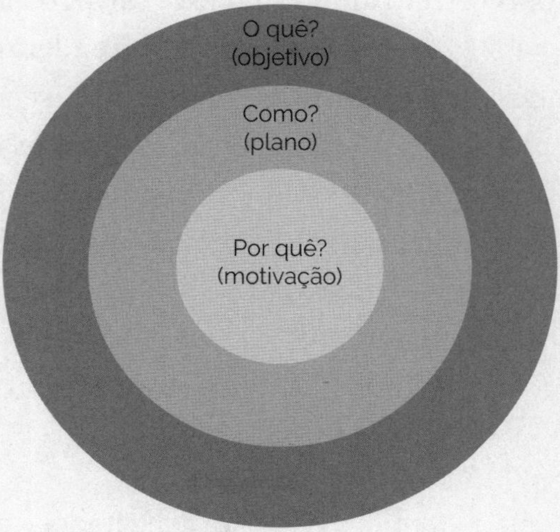

Figura 2: Golden Circle.
(Adaptada de SINEK, 2009)

Desta maneira, duas pessoas podem ter o mesmo objetivo de abrir um negócio, mas com motivações diferentes: uma busca independência financeira, enquanto a outra pode querer transformar sua paixão em um legado. Entender a diferença é importante, pois os objetivos serão traçados quantas vezes você quiser, mas é:

O entendimento da nossa motivação que dá sentido às escolhas e que vai sustentar o esforço necessário para alcançá-los, especialmente diante das dificuldades.

No exemplo da minha cliente empreendedora, ela almejava construir um negócio sólido para vender em um futuro próximo e para isso precisava de seu time. Então, com este entendimento, ela agiu. Ela não amava esse papel de liderança. Ela não pediu para fazer isso. Mas a importância era clara para ela, e faria o que precisasse para ser uma boa líder.

Agora, faço um convite para que pense em você e na motivação para fazer o que faz e estar onde está hoje. Para ajudar nesta reflexão, criei uma lista de questões.[38] Como eu prometi que este seria um livro prático, proponho que responda às próximas perguntas. Será um exercício interativo (ou diria introspectivo?).

1. O que eu valorizo?

____

____

____

____

Aqui o ponto principal é entender o que inspira você e dar pistas de como integrar isso ao seu objetivo profissional.

Eu tive uma cliente que estava muito insatisfeita com o seu trabalho. Ao refletir mais profundamente sobre o que ela mais gostava de fazer como hobby, concluiu que era cozinhar, receber amigos em casa e conversar. Ou seja, ela era ótima com pessoas, era uma excelente *host*. Mas, em seu trabalho, naquele momento, ficava muito sozinha e em um ambiente extremamente hostil. Naquele caso, ela entendeu que seria mais realizada em um ambiente mais amigável em que pudesse ter muitas conexões de trabalho em paralelo. Fica claro neste exemplo como um hábito pessoal pode dar sinais

38 Inspirado nas referências de Jaime Moggi, especialista em desenvolvimento organizacional e autor do livro *Liderando pela Essência* (2015).

importantes sobre seu funcionamento e ajudar a aprimorar seu autoconhecimento.

Em um segundo exemplo, vamos imaginar que você valoriza passar mais tempo com a sua família. Então, apesar de possível, será bastante árduo estar em um cargo que exige viagens constantes, passando muitos dias fora de casa. Um dia, vi uma reportagem de um executivo de uma montadora de veículos que em 2023 passou 36 semanas viajando a trabalho. São nove meses no ano! Você estaria disposto a isso? Talvez sim, talvez não.

2. O que significa sucesso para mim?

____

____

____

____

Estamos acostumados a ouvir de várias fontes diferentes a palavra “sucesso”: “você terá sucesso se x, y, z”; “tenha sucesso na vida profissional” etc. Mas será que dá para dizer o que é sucesso só se baseando na régua dos outros?

O sucesso é algo pessoal e incomparável. O que é sucesso para uma pessoa é diferente do que é sucesso para outra. Talvez, para uma pessoa, o sinônimo de sucesso signifique status. Para outra, o sucesso pode ser conseguir comprar um sítio no interior e viver cercada de verde e plantações no campo. Para outra, pode ser ver os filhos se formando na faculdade. Mas o que é sucesso para você é que norteará a sua vida em busca dos seus objetivos.

3. O que me incomoda hoje no trabalho?

____

____

____

____

Pode ser que o que o incomode é ter um gestor que não o inspira ou ter em mãos um time júnior que torna a busca por resultado mais difícil. Ou então o salário que você considera que não é adequado às suas responsabilidades e ao que você executa. Essas questões podem ser resolvidas internamente? Ou preciso de algo mais?

No dia a dia teremos muitos altos e baixos, mas alguns aspectos continuarão a incomodar, enquanto outros se tornam irrelevantes. Ter consciência disso vai ajudar a avaliar o quão sustentáveis são esses aspectos no curto, médio e longo prazo.

4. O que me faz permanecer no meu trabalho atual?

____

____

____

____

Refletir sobre essa pergunta permite identificar os fatores reais que sustentam suas escolhas e avaliar se eles ainda fazem sentido para você. Como disse anteriormente, vivemos altos e baixos, em tudo há prós e contras, mas o que faz você permanecer nesse local? Essa consciência pode ajudá-lo a enxergar com mais clareza se está onde está por uma escolha genuína ou apenas por inércia.

5. Do que não abro mão?

Essa pergunta traz pistas valiosas daquilo que você não flexibiliza de jeito nenhum. Você tem consciência do que é fundamental para si? Não abre mão de ter férias de trinta dias ininterruptas? Não abre mão de estar com os seus amigos ou família no fim de semana? Não abre mão de ser ouvido e de ter as suas ideias consideradas? Aqui você começa a ter um direcionamento maior do que é inegociável para si.

6. Quais são as minhas capacidades e qualidades? O que gostaria de fazer com elas?

Já falamos no capítulo anterior sobre o autoconhecimento e a importância de reconhecer suas principais qualidades. Lembre-se de que qualidades podem ser características boas ou ruins, por exemplo, proatividade, empatia, criatividade, procrastinação, falta de foco etc. Aqui, você usa essa reflexão para se apropriar dessas suas qualidades e, pensando melhor, descobrir o que você quer fazer com todo esse talento.

7. Qual é a minha visão de futuro? Onde consigo aplicar as minhas qualidades e o que eu valorizo nesta visão de futuro?

____

____

____

____

Esta é a pergunta que vai ajudá-lo a refletir sobre seu futuro e unir um pouco de cada pergunta que escreveu até agora.

***

O que este exercício faz é um escalonamento de pensamento. Primeiro pensamos no momento atual para ter consciência sobre o que valorizamos, onde estamos e o que nos faz permanecer ou mudar. Em seguida, nos apropriamos das nossas qualidades, da visão de futuro e do que queremos colocar de energia neste sentido. Esse processo é um caminho complexo e profundo que geralmente faço ao longo de várias sessões de reflexão com meus clientes, mas agora compartilho com você para que possa pensar, escrever e se apropriar dessas reflexões da maneira que achar melhor.

Essas questões são baseadas no seu momento atual, mas trazem uma clareza para você refletir sobre o futuro. Por isso recomendo que faça essa reflexão anualmente, mas, se quiser, pode encurtar esse tempo ou até mesmo alongá-lo. O importante é não esperar seu barco ficar à deriva para, então, se socorrer. Afinal: “Liderar significa guiar mesmo quando o caminho é incerto”, segundo Simon Sinek.

Passadas as páginas, eu pergunto: o que move você? Entender essa resposta vai fazer diferença para que você esteja inteiro no desafio que tem hoje.

- Seu trabalho atual faz sentido para você?
- Em que aspecto ele o energiza e desgasta?
- Você está realmente motivado ou sente que está apenas seguindo o fluxo?
- Se a motivação está baixa, o que pode ser ajustado para tornar sua jornada mais significativa?
- Enquanto essa mudança não acontece, como manter a energia e o compromisso para seguir levando o time adiante?
- E como não descontar no time alguma frustração das suas próprias expectativas?

***

Quando você se conhece (de verdade) tem maiores chances de conseguir diferenciar o que realmente pertence ao time (desafios, necessidades e motivações coletivas) e o que são reflexos das suas próprias expectativas, frustrações e até mesmo inseguranças. Isso permite que lide com as questões do grupo de maneira mais eficiente e equilibrada. Por isso, depois que você entende de si próprio, está pronto para o próximo passo da Pirâmide, que é olhar para o seu time, assunto do capítulo a seguir.

PONTO DE VISTA, COM CAROL PORTELLA[39]

A liderança por coerência

Carol Portella é mãe do Pedro e diretora da marca Reserva Mini, do Grupo Azzaz. Fundadora do movimento "Nós o novo eu", criou também o método Gestão por Coerência.

Embora muitas pessoas ainda considerem que a liderança seja um cargo baseado apenas em experiências profissionais bem-sucedidas, eu considero que ela vai além disso. A liderança é consequência de um processo de autoconhecimento que um gestor conquista a partir das suas experiências acumuladas ao longo da vida e com base no quanto essa trajetória o formou para ser quem ele é. Isso não é só sobre resultados que entrega, mas sim sobre quem se tornou ao longo da sua jornada.

Quando uma liderança enxerga os seus pontos positivos e os pontos que precisa melhorar é que consegue montar um time de sucesso. Porque o processo de liderança não é sobre si, mas sobre as pessoas que estão com você. É um trabalho de abrir mão do ego 100%. Mas, se o líder não sabe quem ele é, tudo passa a ser sobre si mesmo, e o processo fica invertido.

Durante muito tempo na minha vida, eu vivi a liderança em que o balizador principal era a entrega de resultados. Em termos de planejamento, essa experiência foi uma escola para mim. Até que entrei na Reserva e encontrei um ambiente totalmente diferente. As pessoas que trabalham aqui são apaixonadas pela empresa e pelo que fazem, e eu descobri na prática que a lógica "planejar e executar", na verdade, não tinha lógica. As pessoas precisam estar envolvidas emocionalmente para executar. Mais do que sair de casa para trabalhar todos os dias,

39 Perfil de Carol Portella no LinkedIn: https://www.linkedin.com/in/carolina-portella/. Acessado em: 10 jun. 2025. Confira também o episódio do Pod Liderar Podcast com a especialista. Disponível em: https://youtu.be/WSIZ9ImyfNU. Acessado em: 10 jun. 2025.

elas saem porque têm um propósito. Mais do que planejar e fazer, elas têm que sentir.

Foi então que nasceu a Gestão por Coerência, termo criado por mim e que virou um método a ser aplicado não apenas na Reserva, mas em qualquer empresa. Liderar por coerência mostra que a liderança eficaz "sente, pensa e faz". Quando essas três ações estão alinhadas, você se torna uma pessoa coerente. E o mesmo acontece na liderança. Na Gestão por Coerência, um líder primeiro precisa estar em sintonia com as necessidades de cada colaborador (o sentir), depois planejar estrategicamente (pensar) e, por último, agir de maneira consistente para alcançar os objetivos organizacionais (fazer).

Essa é uma maneira diferente de ver a gestão dos negócios, porque você atrela essas ações – sentir, pensar e fazer – ao resultado esperado pela organização. O que nós vemos ainda é um estilo de liderança muito bom em planejar e executar, como eu era, mas que ainda não olha para o sentir. Enquanto você não dá sentido para o que é feito, não consegue mobilizar as pessoas. Mas, vamos lá, hoje já sabemos que as organizações são movidas pela mobilização. Então, por que ainda desconsideramos o sentir?

Diante de tantas demandas do mundo atual, com inteligência artificial batendo na nossa porta, crises econômicas e outros fatores que mexem com o nosso dia a dia, a liderança que sente, pensa e faz e cria relações sociais dentro das empresas é quem vai sobreviver. Porque é aquela que vai ter a equipe ao seu lado para topar os desafios que surgirem e, em um momento de crise, brigar junto com você. Então a entrega de resultado, que até então era um diferencial, vira só uma obrigação, pois o diferencial mesmo passa a ser o sentir.

Quando você coloca as pessoas nesse ambiente seguro, elas se sentem únicas (e não apenas parte de um todo), também se sentem mais respeitadas, valorizadas e motivadas porque percebem que o líder age com integridade e se preocupa genuinamente com o seu bem-estar. Além disso, esse ambiente de trabalho positivo impulsiona a produtividade, a inovação e a satisfação dos colaboradores.

O líder que age com essa coerência se enxerga mais dentro daquilo que ele sente de verdade, imprimindo a sua maneira de agir. É assim que eu me sinto liderando na Reserva. Eu lidero da maneira que eu acredito e tenho a liberdade de testar formas diferentes de fazer gestão, levando sempre em consideração o que faz sentido no que estamos fazendo. Se você, enquanto líder, está motivado, sabe o que o move para estar onde está e tem clareza sobre o seu papel, então consegue tomar decisões mais alinhadas com a sua autenticidade, pois passa a agir com coerência e consegue ser mais transparente com a sua equipe, tornando-se uma inspiração para todos.

Minha recomendação para você que está liderando neste momento ou assumindo um cargo de liderança: conheça-se melhor. O mundo está precisando de pessoas mais bem preparadas em relação a elas próprias. Precisamos de líderes seguros. Dominar indicadores financeiros, metas e tudo o mais que envolve a gestão todo mundo faz há anos, e isso não vai mudar. Mas precisamos sair do piloto automático e saber em que momento aquilo que você realiza realmente faz sentido. Ninguém mobiliza as pessoas para algo que já está pronto, mas para aquilo que é criado em conjunto, em que elas se envolvem desde o começo. Somente depois vêm o planejamento, o orçamento, a execução e tudo o que envolve esse universo. Enfim, sinta, pense e depois faça!

AGORA É A SUA VEZ

PASSO 1: O QUE MOVE VOCÊ?

O que realmente faz você querer liderar?

Qual legado você quer construir na sua equipe?

Se seu time falasse sobre você no futuro, como gostaria de ser lembrado?

Qual é a importância disso tudo para você?

PASSO 2: COMO VOCÊ PODE COLOCAR ISSO EM PRÁTICA?

Que princípios e valores você quer reforçar no seu dia a dia?

Como você pode demonstrar isso na forma como se comunica, delega, dá feedbacks e toma decisões?

____

____

____

O que já está funcionando bem na sua liderança e deve ser potencializado?

____

____

____

PASSO 3: QUAL É O SEU COMPROMISSO CONSIGO NOS PRÓXIMOS MESES?

O que você quer mudar, fortalecer ou desenvolver?

____

____

____

Quais passos concretos você vai dar para isso no futuro próximo (de 3 a 12 meses)?

____

____

____

REFLEXÃO FINAL

O que você aprendeu sobre si que antes não estava claro?

O que quer fazer com o que aprendeu?

6. NÍVEL 3 DA PIRÂMIDE DA LIDERANÇA:

ONDE ESTOU DEMANDA O QUÊ?

A cultura come a estratégia no café da manhã.

Peter Drucker

Imagine que acabou de entrar em uma organização. Tem seu papel perfeitamente definido, clareza sobre os resultados que precisa entregar e um time que responde a você. Depois de alguns meses, percebe que o que imaginou encontrar na empresa não é bem o que vê no dia a dia. As decisões parecem ser tomadas mais com base em interesses individuais do que no bem maior da organização, e as conversas informais, aquelas nos corredores ou fora das reuniões formais, muitas vezes carregam mensagens mais significativas do que as declarações oficiais.

Aquela empresa que inicialmente parecia colaborativa e orientada para resultados se revela repleta de dinâmicas implícitas, em que jogos políticos, alianças veladas e disputas de poder moldam o que realmente acontece. Você começa a notar que navegar por essa realidade exige habilidades que vão além das competências técnicas: é necessário um entendimento profundo daquela organização, que inclui saber como vender suas ideias internamente, entender a influência dos *stakeholders* e como lidar com a ambiguidade para prosperar nesse ambiente.

Por isso, depois de refletir sobre si mesmo, chegou o momento de entender o ambiente em que está inserido como gestor. Ao ler as próximas páginas você vai entender que entregas não dependem exclusivamente de você e de seu time, mas sim da sua capacidade de navegar em um ambiente que tem suas regras próprias, sejam elas explícitas ou não.

Então vamos entender um pouco melhor cada um desses elementos.

O QUE É CULTURA ORGANIZACIONAL?

Conhecido como pai da Administração Moderna, Peter Drucker deixou um legado transformador no mundo dos negócios. Enquanto se acreditava que o sucesso de uma organização dependia exclusivamente do mercado e dos clientes, Drucker enfatizava a importância do **capital humano** e da **cultura organizacional** como um elemento transversal que impacta todas as áreas do negócio.

As ideias de Drucker exercem grande influência nas empresas até os dias atuais. Tanto que uma de suas frases mais conhecidas, que abre este capítulo, deixa claro que, se a cultura não estiver alinhada com os interesses da empresa, nenhuma estratégia terá sucesso a longo prazo. Permita-me explicar melhor.

Vamos considerar uma empresa que tem como estratégia inovação e agilidade, mas possui uma cultura organizacional marcada por hierarquia rígida e aversão ao risco. Nesse cenário, a estratégia de inovação muito provavelmente será sabotada por processos lentos, decisões centralizadas e a falta de abertura para experimentar novas ideias. A cultura, nesse caso, age como uma barreira que impede a execução da estratégia, levando à frustração, ao baixo desempenho e, muitas vezes, à perda de talentos. Você percebe como cultura é um fator crítico que demanda tempo e atenção da liderança de qualquer organização?

Por isso mesmo, entender a cultura organizacional é uma das responsabilidades de qualquer gestor. Ela é mais do que apenas um conjunto de palavras escritas em murais ou falas inspiradoras. Ela é o reflexo do dia a dia, das decisões tomadas, das prioridades estabelecidas e de como as pessoas interagem e colaboram, ou, como define Terrence Deal e Allan Kennedy no livro *Corporate Cultures*, a "cultura organizacional é o modo como fazemos as coisas por aqui. Ela representa o sistema de valores compartilhados que define o que é importante e as normas que moldam o comportamento e as atitudes dos colaboradores".[40]

Portanto, ignorar o impacto do ambiente organizacional na gestão de pessoas é como tentar velejar sem levar em conta as condições do mar. O ambiente dita as regras e cabe ao gestor aprender a ler esses sinais para alinhar sua liderança com a realidade cultural da empresa.

De maneira geral, a cultura organizacional é formada por cinco aspectos. Vamos entender melhor cada um deles a partir do modelo da **Cebola da Cultura Organizacional**, do psicólogo holandês Geert Hofstede, pioneiro no estudo de cultura em nações modernas.

40 DEAL e KENNEDY, 1982.

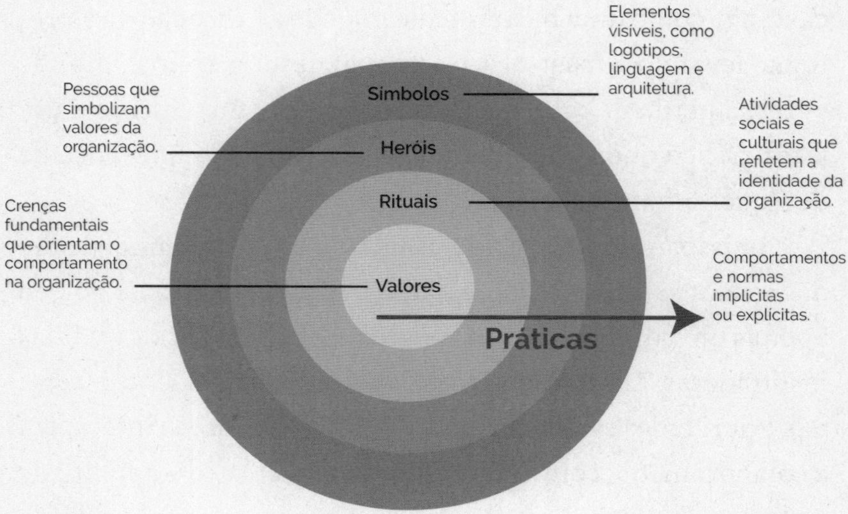

Figura 3: Cebola da Cultura Organizacional.
(Adaptada de Geert Hofstede)

1. Símbolos (camada externa)

- Elementos visíveis e superficiais da cultura, como logotipos, uniformes, design dos escritórios, linguagem e jargões internos.
- Exemplo: o Google utiliza espaços de trabalho abertos e informais para reforçar sua cultura de inovação.

2. Heróis

- Pessoas (vivas, ou falecidas) que representam os valores da organização e servem como inspiração para os membros.
- Exemplo: Steve Jobs é um herói cultural para a Apple, representando inovação e design de excelência.

3. **Rituais**

- Práticas recorrentes que reforçam a cultura, como reuniões, eventos corporativos e cerimônias de premiação.
- Exemplo: empresas que fazem reuniões diárias de alinhamento para reforçar a colaboração e a transparência.

4. **Valores (camada mais profunda)**

- Princípios fundamentais que guiam comportamentos e decisões na organização. Embora menos visíveis, eles moldam todas as camadas externas.
- Exemplo: a Netflix tem um forte valor de autonomia e responsabilidade, refletido em sua política de férias flexíveis e liberdade de tomada de decisão.

5. **Práticas (manifestação concreta da cultura de uma empresa)**

- As práticas explícitas são formalizadas em políticas, diretrizes, rituais e processos estruturados, como reuniões de alinhamento, avaliações de desempenho e programas de reconhecimento.
- Já as práticas implícitas emergem no dia a dia e nem sempre estão documentadas, mas influenciam fortemente a cultura real da organização. Elas podem se manifestar na forma como decisões são realmente tomadas, na dinâmica informal de poder e na maneira como o ambiente lida com erros e conflitos.

O quinto item, as práticas, é a parte que todo o time vai perceber e viver no dia a dia, independentemente dos discursos. Assim, quando há desalinhamento entre essas práticas e o discurso ou palavras escritas, o time percebe a contradição, gerando frustração e desconfiança entre as pessoas.

Permita-me dar um exemplo: se a empresa valoriza inovação, mas a liderança penaliza erros, a cultura real entra em contradição com os valores/comportamentos que foram divulgados. E a coerência entre falar e fazer deve começar na liderança, pois é ela que sustenta a confiança e a credibilidade dentro de uma equipe. É simples:

> A coerência motiva as pessoas a darem o seu melhor, pois sabem que podem confiar na liderança.

ME AJUDA A CRIAR UMA CULTURA?

Já perdi a conta de quantos clientes me procuram porque querem "criar a cultura da empresa". Mas, como quem avisa amigo é, eu sempre informo que sua empresa já tem cultura, seja intencional ou não. Isto é, a cultura existe de qualquer maneira, mas, se os líderes não tomarem a frente e não reforçarem seus elementos de maneira intencional, ela será formada por padrões e comportamentos que podem não estar alinhados com os valores e objetivos da empresa.

Pensando em uma empresa pequena, essa cultura nascerá da personalidade, de hábitos e dos próprios valores da pessoa fundadora. Mas, à medida que a organização vai crescendo, a liderança fundadora fica longe do dia a dia, não está mais ao alcance de todos os funcionários, rituais, processos. É neste momento que precisamos ter um olhar atento e um esforço genuíno de pilares culturais para que aquela organização cresça mantendo princípios da cultura desejada.

Mas aí vem a questão: como se reforça a cultura?

- **Defina os valores da empresa:** determine os princípios e as crenças que guiam as atividades e os comportamentos. Isso envolve uma análise cuidadosa dos objetivos da empresa, sua missão e sua visão de futuro. Essa definição deve envolver os fundadores da empresa, os líderes e os colaboradores-chave.
- **Comunique os valores:** uma vez definidos os valores da empresa, é essencial comunicá-los claramente para todos os colaboradores. Prepare uma declaração de valores que seja concisa, memorável e compreensível. Além disso, explique as expectativas em relação ao comportamento dos colaboradores e como os valores se aplicam às atividades diárias. Essa comunicação deve ser contínua, reforçada por meio de diferentes canais, como reuniões, comunicados internos, treinamentos e materiais de referência.
- **Estabeleça rituais e práticas culturais:** esses rituais devem ser projetados para refletir e reforçar os valores e comportamentos que a organização deseja promover. Eles criam momentos significativos no dia a dia da empresa, alinhando as ações dos colaboradores com os princípios fundamentais da organização e fortalecendo o senso de pertencimento e a identidade coletiva. Exemplos incluem **reuniões regulares** para alinhamento e priorização, **rituais de reconhecimento**, como celebrações mensais para destacar contribuições alinhadas aos valores da empresa, **premiações** que incentivam comportamentos desejados, **rituais de aprendizado**, como reflexões após projetos importantes para discutir erros e aprendizados, e **celebrações de marcos**, como aniversários corporativos ou conclusão

de projetos estratégicos. Embora os formatos e a frequência desses rituais variem de acordo com a empresa, esses exemplos são amplos o suficiente para serem adaptados a diferentes contextos organizacionais, promovendo um ambiente alinhado e engajado.

- **Revise os processos da empresa:** essa revisão serve para que você tenha certeza de que processos conversam com a cultura da empresa. Isso envolve avaliar desde políticas e práticas de recrutamento, integração de novos colaboradores e avaliação de desempenho até formas de comunicação interna, tomada de decisão, relacionamento com clientes e parceiros, entre outros.
- **Avalie constantemente:** a cultura organizacional é um processo contínuo de aprendizado e adaptação. Estabeleça mecanismos para avaliar regularmente a eficácia das atividades e práticas culturais implementadas. Realize pesquisas de clima organizacional, sessões de feedback e análises de desempenho para identificar áreas de melhoria e fazer ajustes conforme necessário.

CADA PANELA TEM SUA TAMPA

Já atendi uma empresa do setor de agronegócio que queria instituir e reforçar uma cultura semelhante àquelas instituídas pelas empresas de tecnologia do Vale do Silício, nos Estados Unidos. Porém, são empresas de naturezas muito diferentes (produtos diferentes, mercados diferentes, clientes diferentes, times que ocupam cargos diferentes, com características diferentes) e, portanto, com culturas extremamente distintas.

Empresas de tecnologia tendem a valorizar inovação ágil e flexibilidade com tendência à abertura para formas de trabalho, digamos, menos tradicionais. Por outro lado, empresas do agronegócio tendem a seguir um modelo mais tradicional e priorizam estabilidade. Por mais que utilizem tecnologia em suas atividades, é pouco provável que seja uma cultura de alta agilidade e disponibilidade como nas empresas de tecnologia.

Se uma empresa deseja incorporar elementos de outra cultura, o ideal é adaptar práticas específicas que se conectem com sua identidade, seus objetivos estratégicos e o perfil de seus colaboradores, promovendo um reforço de elementos culturais e mantendo sua autenticidade. Veja que eu falei "incorporar elementos" e não "copiar a cultura". Cada empresa tem um perfil diferente, e é impossível que uma cultura organizacional seja exatamente igual à outra. Não existe essa história de copiar o que a outra está fazendo.

O que existem são padrões de cultura semelhantes entre as empresas. Jeremiah Lee e Jesse Price conseguiram identificar oito tipos predominantes, que eles apresentaram no *The Leader's Guide to Corporate Culture*.[41] Entender o padrão da cultura da empresa em que trabalha leva a liderança a avaliar melhor como estabelecer políticas e procedimentos e aprimorar a própria gestão de time. Vamos conhecer esses oito tipos:

41 HBR. *The Leader's Guide to Corporate Culture*. Jan/fev 2018. Disponível em: https://tinyurl.com/mr3xnx6w. Acessado em: set. 2025.

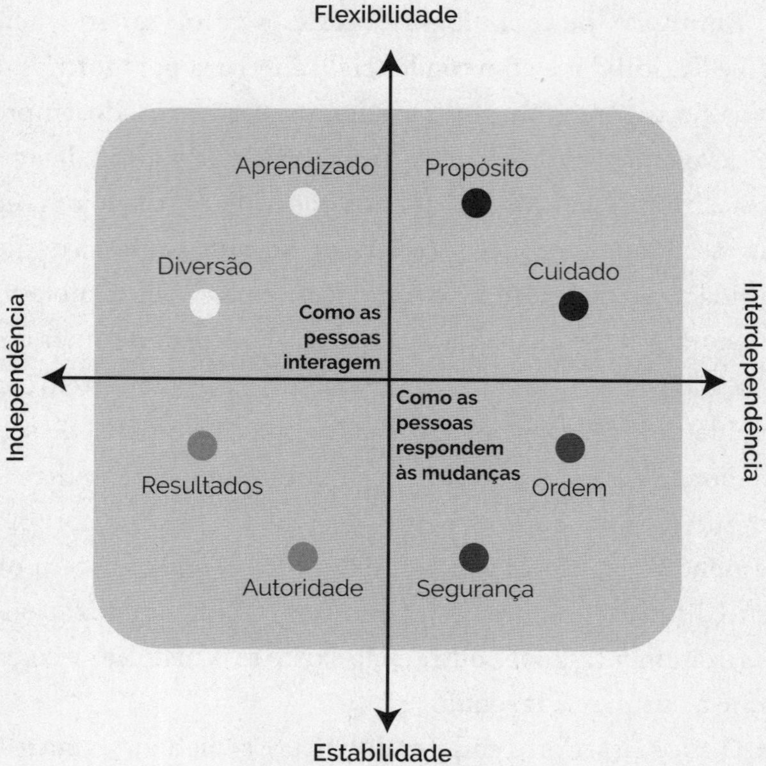

Figura 4: Oito padrões de cultura da empresa.
(Adaptada de LEE e PRICE, 2018)

1. **Cuidado:** foco em relacionamentos e confiança mútua. Exemplo: Whole Foods.
2. **Propósito:** ênfase em idealismo e contribuição para o bem maior. Exemplo: Disney.
3. **Aprendizagem:** incentivo à exploração, à criatividade e à inovação. Exemplo: Tesla.
4. **Diversão:** valorização da diversão e entusiasmo. Exemplo: Zappos.

5. **Resultados:** foco em metas, desempenho e sucesso. Exemplo: GSK.
6. **Autoridade:** priorização de força e controle decisivo. Exemplo: Huawei.
7. **Segurança:** ênfase em planejamento e previsibilidade. Exemplo: Embraer.
8. **Ordem:** valorização do respeito, de estrutura e normas compartilhadas. Exemplo: Banco Itaú.

Esse modelo oferece uma estrutura clara para compreender as dinâmicas culturais de uma organização, permitindo identificar os tipos predominantes de cultura e como eles impactam o comportamento dos colaboradores, a tomada de decisão e os resultados do negócio. Assim, a liderança entende como navegar melhor no ambiente organizacional, alinhando as estratégias de gestão com os valores da empresa.

NÃO ESTRAGUE A CULTURA

A empresa é um organismo vivo e está suscetível a mudanças, seja porque ela está crescendo ou por um posicionamento diferente, e a cultura precisa acompanhar esse ritmo. Porém, as pessoas geralmente são resistentes a mudanças, e mexer na cultura vai exigir um esforço para comunicar as alterações de maneira clara e com um tempo para que todos se envolvam, deixem a resistência de lado e incorporem esses novos padrões.

Lidar com esse desafio requer comprometimento, investimento de tempo – para que as pessoas tenham tempo de assimilar – e ações consistentes para que essa cultura não se dilua gradualmente. É um desafio manter a identidade e os valores da empresa à medida que novos funcionários são contratados e novas equipes são formadas. Dessa maneira, é importante investir em programas de integração eficazes, treinamento cultural e comunicação constante para garantir que a cultura seja transmitida e reforçada.

Muitos gestores acham que cultura é responsabilidade do RH. Mas enganam-se muito. Cabe a você, enquanto gestor ou fundador da empresa, ser exemplo vivo dos valores e comportamentos, demonstrando-os consistentemente em suas ações e decisões. Não existe o "faça o que eu falo, mas não faça o que eu faço". Você tem a obrigação de fortalecer a cultura empresarial para que ela esteja alinhada e que seja seguida por todos.

Para ajudar neste alinhamento, é comum as empresas criarem os seus manuais de cultura. Mas eu costumo dizer que o manual de cultura é uma faca de dois gumes. Se, por um lado, ele serve como uma fortaleza para a empresa, tornando-a mais valorizada pelos colaboradores e até pelos clientes, por outro, pode significar a sua desvalorização, quando o manual não reflete as atitudes das pessoas que trabalham nela, principalmente dos gestores. Aí o que era para ser um livro de condutas acaba virando algo sem significado para as pessoas. É o famoso "escreve uma coisa bonita", mas que não existe na prática.

E esse discurso vazio não afeta apenas o ambiente organizacional. De acordo com a pesquisa Think Consumer Goods, do Google, os clientes estão mais atentos às ações das empresas. O "falar menos e agir mais" é valorizado por um terço da população.[42] É um percentual grande para ser desprezado.

---

42 G1 ECONOMIA. *Quase dois terços dos consumidores brasileiros não são fiéis a marcas, aponta Google*, 21 mar. 2023. Disponível em: https://tinyurl.com/28kbx3hk. Acessado em: set. 2025.

Brian Chesky, cofundador e CEO do Airbnb, é responsável por uma das culturas organizacionais mais sólidas da década de 2010. Trabalhei na organização entre 2014 e final de 2019 liderando o RH da América Latina – desde quando o Airbnb era ainda uma startup[43] até pouco antes do IPO – e tive a oportunidade de ver de perto suas ideias e intenções genuínas de cultura organizacional serem aplicadas na prática com consistência. Ele é uma boa referência, pois construiu uma cultura intencionalmente fundamentada nos valores da empresa, como hospitalidade, inclusão e pertencimento, e tornou esses princípios parte integrante de todas as decisões estratégicas.

Quando entrei no Airbnb, a primeira coisa que fui convidada a ler foi o seu texto *Don't Fuck Up the Culture*[44] (podemos traduzir como "Não Estrague a Cultura"). O material surgiu a partir de um e-mail destinado ao time. No texto, Brian reforçava que a **cultura é o ativo mais importante de uma empresa** e que, em meio ao crescimento, seria fácil perder de vista o que a tornava especial. As ideias se tornaram um verdadeiro manifesto interno, citado em entrevistas e apresentações e inspirando outras organizações.

Para Chesky, a cultura é definida pelos comportamentos que são recompensados e desencorajados (isso mesmo, aqueles comportamentos que são punidos, por exemplo) na organização, e ele reforça isso por meio de ações concretas, como processos de contratação focados em valores e rituais que celebram conquistas alinhadas à identidade da empresa.

---

43 Startup é uma empresa nova, geralmente criada para oferecer algo inovador e com potencial de crescer rápido. Costuma funcionar em um ambiente de incerteza, testando ideias, ajustando seu produto ou serviço e buscando investidores para acelerar o crescimento.

44 CHESKY, 2014.

> A liderança desempenha um papel central em moldar e manter a cultura, transformando-a em uma vantagem competitiva e em um alicerce para o sucesso organizacional.[45]

Portanto, não despreze o poder da cultura dentro da sua empresa.

ARTICULAÇÃO ORGANIZACIONAL: VOCÊ TAMBÉM PRECISA APRENDER

Agora que entendemos a cultura organizacional, vamos falar sobre articulação organizacional. Para vender e executar ideias e projetos, é importantíssimo entender como navegar pelo ambiente organizacional.

Você pode chamar isso de política organizacional se quiser, mas isso não é necessariamente algo ruim. A política nas empresas diz respeito a como as pessoas se conectam, influenciam e tomam decisões de forma implícita.

Imagine que cada pessoa na empresa é como uma peça de Lego e a política é sobre como essas peças se encaixam. Mas, ao contrário do brinquedo, em que os encaixes são visíveis e as regras são claras, na empresa funciona de maneira mais sutil. Envolve colaboração, equilíbrio entre emoções e interesses e o uso estratégico das conexões para fazer as coisas acontecerem. Se usada com inteligência, a política pode beneficiar a empresa, o time e você como gestor.

45 Texto inspirado nas ideias de Brian Chesky.

Assim, aprender articulação organizacional vai permitir que você navegue com mais confiança e eficácia no ambiente de trabalho e ainda ajudará a:

1. **Tomar decisões melhores:** nem tudo dentro de uma empresa é decidido só com base em regras ou números. Muitas vezes, quem tem boas ideias ou é mais persuasivo consegue influenciar decisões importantes. Entender as dinâmicas de poder e influência ajuda a fazer escolhas mais bem informadas, evitando surpresas e sabendo quando e como agir para conseguir o que precisa.
2. **Construir relacionamentos:** entender como as pessoas criam laços e se ajudam permite construir conexões mais fortes e significativas, que podem ser essenciais para o seu crescimento profissional e para alcançar suas metas.
3. **Lidar com conflitos de maneira produtiva:** quando você sabe como a política funciona, fica mais fácil evitar mal-entendidos, pois você sabe como abordar as pessoas certas de maneira adequada.
4. **Aproveitar oportunidades:** a política ajuda a identificar e aproveitar oportunidades que podem não ser tão óbvias para quem não presta atenção nessas dinâmicas. Assim como num esporte, as pessoas se juntam em times, apoiam uns aos outros e, às vezes, até competem. Mas, no final, todos estão jogando para alcançar o mesmo objetivo: o sucesso da empresa.

Uma das experiências que vivi sobre articulação organizacional foi quando precisava aprovar uma iniciativa bastante crítica para um país da América Latina. Aos olhos da sede em São Francisco, nos Estados Unidos, a proposta parecia complexa demais, cheia de riscos difíceis de avaliar à distância. Sabendo da diferença de contexto e de cultura, construí a aprovação com intencionalidade.

Primeiro, envolvi desde o início os colegas da matriz que seriam impactados pelo projeto, escutando suas opiniões e seus receios para mapear as principais barreiras. Essa abordagem não só me deu informações valiosas, mas também me trouxe aliados – pessoas que se sentiram parte da solução. Em seguida, organizei os feedbacks e as preocupações levantadas, estruturando respostas e reforçando as decisões com dados sólidos. Também envolvi lideranças locais no país de destino, garantindo que as necessidades específicas fossem contempladas.

O projeto foi aprovado e a decisão veio com apoio consistente porque o processo tinha sido construído em conjunto, e não imposto. Mas isso só foi possível porque entendi como navegar por aquela cultura organizacional com intencionalidade para resolver desafios e entregar resultados.

Essa experiência, entre tantas outras, reforçou para mim que uma boa navegação organizacional permite:

- Construir alianças genuínas e sustentáveis.
- Antecipar objeções e transformá-las em pontos de fortalecimento.
- Dar voz às diferentes partes envolvidas, sem perder clareza na liderança do processo.
- Aumentar a legitimidade e a qualidade das decisões.
- Tornar mudanças complexas mais possíveis, porque são sustentadas por confiança.

O que vivi é muito do que acredito sobre articulação, mas vamos ser práticos, também existem aquelas situações negativas da tal da "politicagem". Minha sugestão nesses casos:

se concentre no seu trabalho, fique longe de fofoca e aja com intencionalidade. O melhor livro que li sobre política no trabalho foi da Harvard Business Review,[46] e apresento a seguir os pontos principais:.

1. **Mapeie o jogo:** em algumas empresas, para "vender um projeto", você precisa se alinhar com várias áreas antes de levar sua ideia para a liderança do negócio. Ou então, para promover alguém do seu time, não basta mostrar uma boa avaliação de desempenho, mas é preciso convencer pessoas específicas no negócio. Você não trabalha em uma ilha, depende de várias áreas para muitas iniciativas. Qual é a melhor maneira de expressar suas demandas, suas necessidades e seus pedidos na sua organização?
2. **Não leve para o pessoal:** o que você acredita ser um ataque pessoal em geral não tem nada a ver com você. Assim você tira o emocional da equação e consegue agir de forma mais ponderada.
3. **Questione sua reação:** quando as pessoas parecem se beneficiar de jogos políticos, em geral achamos que conhecemos suas motivações, mas às vezes estamos enganados. Questione-se: além daquilo que você vê, o que mais pode gerar esse comportamento?
4. **Compreenda que nem todo conflito é ruim:** talvez você passe a ter um ótimo desempenho após ser desafiado por um colega agressivo ou forçado a trabalhar com alguém que não suporta. Não pressuponha que se sentir desconfortável seja necessariamente ruim.

46 DILLON, 2018.

5. **Mantenha-se no eixo:** no jogo político, quem perde a calma perde terreno. A firmeza desarma qualquer tentativa de manipulação e mantém você no comando da situação.
6. **Responsabilize-se:** assuma a responsabilidade pelo seu progresso e entenda como navegar o ambiente ou quais são suas alternativas reais para lidar com isso.

O QUE A INTELIGÊNCIA ARTIFICIAL (IA) EXIGE DE VOCÊ COMO LÍDER?

Em um artigo que publiquei em 2024, eu escrevi que:

> Líderes de sucesso serão os que souberem aproveitar os mares de inovação tecnológica para alcançar novos horizontes de sucesso não apenas para si, mas também para seu time.[47]

O que acontece é que o ambiente organizacional está mudando mais rápido do que nunca. A inteligência artificial já está nas ferramentas do dia a dia, nas análises que seu time recebe, nos processos de decisão, nas interações com clientes e na maneira como sua empresa mede desempenho.

Michelle Schneider, que assina o prefácio, descreveu bem o que vivemos em seu livro intitulado *O futuro do trabalho*.[48] "Hoje estamos vivendo os primeiros Lampejos da Quarta Revo-

---

47 TI INSIDE. *Como preparar o time para dividir habilidades com as IAs?*, 20 maio 2024. Disponível em: https://tinyurl.com/mr2npstr. Acessado em: set. 2025.

48 SCHNEIDER, 2025.

lução Industrial, ou Indústria 4.0, marcada pela convergência de tecnologias digitais, físicas e biológicas. As máquinas, antes ferramentas, agora passarão a 'pensar' e operar de forma autônoma." E empresas já começaram a explorar o melhor da parceria entre humano e máquina. No momento em que escrevo este livro, chamamos essas companhias de "empresas de fronteira", que são aquelas que estão na vanguarda da integração entre inteligência humana e artificial. Elas não estão apenas usando tecnologia. Estão redesenhando sua estrutura, seus fluxos e sua cultura para operarem com times mistos, compostos por pessoas e agentes de IA, como expliquei em uma reportagem publicada pelo portal *Exame*.[49]

MAS O QUE ISSO SIGNIFICA PARA QUEM LIDERA?[50]

- **Liderar com IA é liderar com clareza:** a IA pode acelerar tarefas, mas não define prioridades. Cabe a você dizer o que importa.
- **Humanidade virou vantagem competitiva:** empatia, ética e presença são diferenciais que a IA não entrega.
- **Você não precisa ser técnico, precisa ser curioso:** liderar em um mundo com IA é aprender rápido, experimentar e ajustar. Toda semana pode surgir uma ferramenta nova. Você não precisa saber tudo, mas precisa querer entender.

49 EXAME. *Você está pronto para ser um chefe de agente digital?*, 24 abr. 2025. Disponível em: https://tinyurl.com/mrxeaxxt. Acessado em: set. 2025.

50 Inspirado nas ideias de Ethan Mollick, especialmente no livro *Co-Intelligence: Living and Working with AI* (2024).

- **A IA não resolve time desengajado:** se a liderança é fraca, a IA só deixa isso mais visível. Não existe tecnologia que substitua cultura ou confiança.
- **A nova liderança orquestra humanos e sistemas:** seu papel é conectar propósito, pessoas e inteligência artificial em prol de resultados reais. Isso exige mais visão sistêmica do que controle.

Em outras palavras, a IA não tira o seu lugar como líder, mas muda o que o seu papel exige. E aqui vai a provocação: você está liderando com consciência desta realidade ou com mentalidade de um contexto que em breve não existirá mais?

***

Neste capítulo você viu que assimilar a cultura organizacional, desenvolver a capacidade de articulação e entender o impacto da tecnologia e da inteligência artificial são mais do que estratégias de sobrevivência corporativa, são o alicerce para o seu crescimento como líder, o fortalecimento da sua equipe e o avanço da empresa. Quando você entende o ambiente e o contexto no qual está inserido, navega com intenção, economiza energia, evita ruídos e constrói resultados com mais consistência. No final, todos ganham: você, seu time e o próprio negócio.

PONTO DE VISTA, COM MARCELA REZENDE[51]

Toda marca nasce da cultura. E toda cultura começa com a liderança

Marcela Rezende, CMO, mentora, conselheira e investidora-anjo.

Cultura é a alma da marca. É assim que eu enxergo; vivo e defendo esse tema porque acredito profundamente que **marcas fortes nascem de culturas fortes**. E quem pavimenta esse caminho, desde o início, é a liderança. Como bem diz a Milena: toda empresa tem uma cultura. A questão é: essa cultura está sendo construída de maneira intencional ou está sendo moldada, sem direção, pelas ações e hábitos do dia a dia?

Ao longo dos meus mais de vinte anos de carreira, compreendi que empresas verdadeiramente líderes transformam sua vivência interna em diferencial competitivo. Basta observar marcas que são referência, como Apple, Nubank, Disney, Amazon e Google, todas compartilham uma cultura forte, coerente e intencional, que se reflete não apenas em seus produtos e serviços, mas também na maneira como os times se relacionam, nas decisões que tomam e, sobretudo, na maneira como a marca é percebida e a empresa se posiciona no mundo.

Foi essa convicção que me levou a desenvolver minha própria metodologia de Construção de Cultura e Marca. No processo que conduzo com fundadores, CEOs e times, o trabalho sempre começa pela definição da cultura – porque é a partir dela que tudo nasce.

A cultura é o que determina o conjunto de valores, crenças, práticas e comportamentos compartilhados dentro de uma organização. Por isso, precisa ser construída de forma estratégica

51 Perfil de Marcela Rezende no LinkedIn: https://www.linkedin.com/in/marcelaprezende/. Acessado em: 12 jun. 2025. Confira também o episódio do Pod Liderar Podcast com a especialista. Disponível em: https://www.youtube.com/watch?v=L7c8BgdRGsQ. Acessado em: 12 jun. 2025.

e intencional. Deve ser declarada, vivida e reforçada pela liderança todos os dias.

Na minha visão, cultura não é um discurso bonito colado na parede. É um pacto real e ativo entre as pessoas que fazem a empresa acontecer. Geralmente nasce do fundador, mas precisa de direção clara e consistência.

Cultura desde o início acelera o crescimento das marcas

Nessa linha, gosto muito do exemplo do Nubank. Desde o início, deixaram claro a cultura que queriam construir e, a partir dela, se posicionaram contra a complexidade do sistema financeiro, com a proposta firme de empoderar pessoas. A cultura criada e cultivada moldou a estratégia de crescimento, a formação das equipes e a relação com o mercado. Com o tempo, essa cultura se tornou uma das principais forças competitivas da marca.

No Stark Bank, essa também é a estratégia que estamos construindo. A empresa nasceu em 2018 com o propósito de remover os obstáculos que impedem as pessoas de criar algo verdadeiramente extraordinário nas empresas em que atuam. Quando assumi o cargo de CMO, no final de 2023, meu principal desafio foi liderar um movimento que nos permitisse aprofundar os pilares da cultura interna e, a partir disso, traduzi-los com clareza e força para o mercado.

Mas, para isso, eu precisava formar um time, pois até então a área de marketing ainda era muito enxuta. Levei quase um ano para encontrar as pessoas certas, não pelo currículo, mas pela compatibilidade de valores, pela conexão com a cultura do banco, pela complementaridade de habilidades e, principalmente, pela capacidade de crescerem juntas. Eu sabia que, se a base fosse sólida, o resto viria.

No Stark, temos uma cultura que valoriza a ação, o alinhamento e o protagonismo. Queremos que as pessoas executem com foco, valorizem o feedback e encarem o erro como parte natural do processo. E, acima de tudo, que pensem grande, ajam com ousadia e estejam comprometidas em gerar impacto real.

Ao mesmo tempo que formava a equipe, descobri que estava grávida do meu segundo filho. Tivemos que nos preparar inclusive para a minha ausência durante a licença-maternidade. Quando chegou o momento, saber que deixaria a área nas mãos de pessoas alinhadas, responsáveis e com autonomia para seguir entregando me deu tranquilidade. Quando a cultura está viva, o time caminha junto, com ou sem a presença física da liderança. Isso acontece porque, na minha visão, ao termos todos alinhados pela identidade, a alma da companhia, os processos deixam de ser apenas tarefas a serem cumpridas e passam a refletir um compromisso mútuo que impulsiona a empresa como um todo.

Ser líder não é ocupar um cargo ou ter um título. É influenciar. É inspirar.

Liderança é uma maneira de se posicionar no mundo com clareza, intenção e responsabilidade sobre o impacto que se causa nos outros. Líderes são peças-chave na construção da cultura de uma empresa. Mais do que definir estratégias ou tomar decisões importantes, **líderes representam, na prática, os valores da organização**. São o elo entre no que a empresa acredita e o que realmente se vive no dia a dia.

Quando existe coerência entre discurso e prática, **a cultura deixa de ser um conjunto de palavras e passa a ser o driver comum**, acelera entregas, fortalece a colaboração e dá sentido às ações. E aí nasce a conexão com a marca.

Se a marca é o que o mundo enxerga, a cultura é o que dá sustentação a essa imagem. Marcas fortes e com crescimento consistente nascem de dentro para fora, e os principais responsáveis por essa construção são os líderes.

Por isso, meu convite vai para além dos líderes formais: ele é para todos que fazem parte da empresa e influenciam, de alguma forma, o ambiente ao seu redor. Cada pessoa tem um papel ativo na construção da cultura – e esse papel começa com uma reflexão honesta sobre seu próprio propósito, valores e atitudes.

Para você, minha dica é: mais do que se conhecer, é essencial que os valores estejam conectados ao propósito e aos princípios da organização. Esse alinhamento cria um senso coletivo de direção, fortalece a cultura e potencializa tudo o que a empresa está construindo. A cultura é responsabilidade de todos, mas é por meio da liderança, do exemplo constante e da coerência entre discurso e prática que ela se consolida, inspira e vira marca.

AGORA É A SUA VEZ

Pense em um exemplo no qual você foi bem em articulação organizacional: Para esse caso, pergunte-se:

- Quais são as minhas habilidades e qualidades que me ajudaram a conquistar este feito?
- O que eu aprendi sobre mim neste exemplo?
- Quais são as minhas qualidades que me ajudaram neste desafio?

Após essa reflexão, escreva:

O que funcionou ou não funcionou em sua abordagem?

____

____

____

O que você aprendeu sobre ela?

____

____

____

Quais são os seus desafios?

O que você precisa para navegar bem diante dos objetivos da empresa?

REFLEXÃO FINAL

O que você aprendeu sobre o ambiente organizacional que antes não estava claro?

O que quer fazer com o que aprendeu?

7. NÍVEL 4 DA PIRÂMIDE DA LIDERANÇA:

SOU GESTOR, E AGORA?

Antes de ser um líder,
o sucesso tem tudo a ver com crescer.
Quando você se torna um líder, o sucesso tem
tudo a ver com o crescimento dos outros.

Jack Welch

A procrastinação, uma das grandes queixas da década, é em geral um sintoma de algo que queremos evitar. Lembro-me de uma cliente minha que, embora fosse uma profissional com excelentes resultados, simplesmente não conseguia priorizar a contratação de uma pessoa para seu time. Ficava esperando, esperando, sempre com uma questão diferente para deixar a contratação para depois.

No início das nossas conversas, a queixa dela era clara: "a procrastinação me atrapalha muito". Mas, ao avançarmos nas conversas, percebemos que um dos desafios dela não era deixar essa tarefa para depois, mas sim medo de contratar profissionais para a sua equipe, pois nunca tinha feito gestão de pessoas. Quando entendeu este receio, ela deu nome ao seu desafio principal como gestora e conseguiu encará-lo de frente. Antes, ela se escondia atrás de uma agenda atarefada como uma desculpa – que nem mesmo ela percebia – para não lidar com isso.

Este exemplo não é uma exclusividade da minha cliente. Há pessoas com receios parecidos por nunca terem sido gestoras antes ou até mesmo por não terem aprendido processos básicos, mesmo já tendo gerenciado um time. Consigo perceber de onde vem essa ansiedade. Afinal, quando você se torna responsável por um time, suas entregas não dependem apenas de suas aptidões técnicas, mas de como você consegue contratar, desenvolver, mobilizar, entre outras atividades de gestão de pessoas. Isso é algo que pouca gente se prepara para fazer até que se deparam com esse dilema: "sou gestor, e agora?". Chegamos assim ao nível 4 da Pirâmide da Liderança, em que você entende atividades básicas que envolvem essa posição. Afinal, já que você tem um time, o que precisa fazer?

UM CARGO, MÚLTIPLAS FUNÇÕES

Fazer gestão de pessoas vai além de apenas delegar tarefas. Significa contratar as pessoas certas, comunicar-se de maneira clara e eficiente, planejar estratégias e objetivos, organizar e treinar a equipe, monitorar o progresso, avaliar desempenhos e, quando necessário, demitir, e por aí vai. Essas atividades acontecem o tempo todo, muitas vezes em paralelo, em uma experiência contínua de gestão que exige atenção e adaptação constantes.

Mas como lidar com essas tarefas? Vamos lá!

CONTRATAR

É uma das funções mais críticas da liderança. Quem contrata mal, contrata duas vezes. Então, para evitar isso, você deve definir o perfil da vaga, entrevistar, buscar referências e dedicar tempo à integração desta pessoa ao time e, de fato, facilitar a adaptação dela ao desafio e à cultura da organização. Mas como contratar?

1. Defina o perfil da vaga

Faça um descritivo em detalhes do perfil da vaga. Liste as responsabilidades, as habilidades técnicas (hard skills) e as habilidades comportamentais (soft skills) esperadas.

Competências **técnicas** (hard skills): são aquelas que podem ser aprendidas por meio de cursos e estudos, além de comprovadas com avaliações, testes, diplomas etc. Exemplos: fluência em idiomas, certificações, habilidades para cálculos matemáticos, diploma relacionado a determinada área, capacidade de trabalhar com dados e planilhas, escrita criativa ou técnica etc.

Competências relacionadas à **personalidade** e às **atitudes** do profissional (soft skills): são aquelas relacionadas ao comportamento. Exemplos: empatia, persuasão, tomada de decisões, pensamento criativo, adaptabilidade, trabalho em equipe, inteligência emocional, motivação, paciência, positividade, confiabilidade etc.

Nesta etapa, podem ocorrer dois erros:

✕ Erro nº 1: Quando o gestor não entende qual perfil precisa contratar

Um exemplo clássico: uma empresa estava enfrentando problemas de organização no setor de compras, com prazos não cumpridos e demandas acumuladas. Em vez de contratar um coordenador de compras para estruturar o fluxo de trabalho e priorizar as tarefas, a opção foi contratar um estagiário para lidar com as demandas operacionais. Como resultado, os problemas persistiram, pois o estagiário não tinha experiência nem autonomia para resolver questões mais complexas.

Para isso não acontecer:

✓ Identifique as dores do negócio ou da área: liste os problemas que você precisa resolver e as tarefas que estão sobrecarregando você ou a equipe atual. Exemplo: "Estamos perdendo vendas porque ninguém está focado em atendimento ao cliente".

✓ Crie uma lista de prioridades: determine quais habilidades ou funções terão maior impacto imediato. Exemplo: "Precisamos de alguém que entenda redes sociais e captação de clientes online".

✕ Erro nº 2: Quando a pessoa não detalha bem o perfil de pessoa que precisa contratar

Seguindo o nosso exemplo, vamos considerar que a empresa tenha percebido que precisaria de um coordenador, mas errou ao elaborar uma descrição de vaga genérica, sem especificar claramente as competências técnicas e comportamentais necessárias. O perfil ideal deveria incluir competências como gestão de fornecedores, priorização de demandas e estruturação de processos, além de competências comportamentais, como organização e capacidade de lidar com pressão. No entanto, com a descrição genérica, a vaga resultou na contratação de alguém com experiência operacional, mas sem visão de processos e sem habilidades para engajar a equipe ou lidar com prazos curtos. Como consequência, os problemas do setor persistiram, e a empresa perdeu tempo e recursos. Ou seja, neste caso eles queriam um coordenador, mas não souberam especificar o perfil necessário.

Então o que fazer para isso não acontecer no seu processo seletivo?

✓ Liste as responsabilidades específicas: escreva claramente o que a pessoa precisará fazer no dia a dia, incluindo tarefas principais e secundárias. Exemplo: "negociar com fornecedores, garantir a otimização de custos e estruturar processos de compra para atender às demandas internas com eficiência".

✓ Identifique habilidades essenciais: inclua competências técnicas e comportamentais que sejam indispensáveis. Exemplo: "experiência em gestão de fornecedores e contratos, capacidade analítica para tomada de decisão, organização e resiliência para lidar com negociações e prazos curtos".

✓ Considere o alinhamento cultural: defina características que se alinhem aos valores e ao ambiente do seu negócio. Exemplo: "proatividade e capacidade de colaboração".

✓ Deixe claro o que a pessoa precisará entregar nos primeiros seis meses de trabalho. Exemplo: "estruturar a área de compras buscando melhorias de processos e economia de 20% para a empresa, ao mesmo tempo que lida com o alto fluxo de demanda".

Evitados esses erros, veja como um detalhamento da vaga poderia ser:

NOME DO CARGO

Sobre a organização:
Descreva a cultura da empresa e como o cargo se encaixa nela. Destaque valores e expectativas comportamentais.

Sumário do cargo:
Uma breve visão geral do propósito e objetivo do cargo.

Responsabilidades principais:
Liste as principais tarefas e responsabilidades do cargo.
Use verbos de ação para descrever as atividades esperadas.

Requisitos do cargo:
Experiência: Anos de experiência relevantes para o cargo.
Habilidades técnicas: Competências específicas necessárias.
Habilidades comportamentais: Características de personalidade desejadas.

Remuneração e benefícios:
Forneça informações sobre salário, benefícios e oportunidades de crescimento.

Processo de candidatura:
Forneça instruções claras sobre como os candidatos podem se candidatar.
Inclua detalhes sobre prazos e informações de contato.

Neste descritivo, você deve:

- Manter a linguagem simples e direta e evitar jargões.
- Explicar sobre a organização, o que faz, qual é o setor, como é trabalhar lá (esta é a oportunidade de vender a empresa e a posição para que mais pessoas se interessem).

- Listar as competências técnicas (hard skills) e comportamentais (soft skills) esperadas para exercer a função.

2. Entreviste

Entrevistar parece fácil, mas é uma arte, porque não é um bate-papo desestruturado que vai ajudar você a achar a pessoa mais adequada para a posição. Levando em consideração o descritivo de função e o detalhamento da vaga com conhecimentos e habilidades que você já tem, crie uma lista de perguntas que ajudem a buscar essas competências no candidato.

Os dois erros mais comuns nesta etapa da entrevista são:

✖ Erro no 1: Não estar preparado

Consequência: improvisar perguntas ou não revisar o currículo do candidato. Por exemplo: durante uma entrevista para a posição de coordenador de compras, o entrevistador não revisa o perfil da posição que está entrevistando nem o currículo do candidato. Assim, acaba fazendo perguntas genéricas e desconexas, como "conte-me sobre sua experiência geral". Isso impede que ele explore detalhes importantes, como a experiência do candidato em estruturar processos ou liderar equipes. Sem essas informações, a avaliação é superficial, resultando em uma contratação desalinhada e ineficaz.
Como evitar: para ajudar você nesta etapa, eu listei as principais competências valorizadas pelos empregadores, de acordo com o Glassdoor.[52] Também criei uma lista de perguntas para você buscar essas habilidades na entrevista. Veja:

52 GLASSDOOR. *10 principais competências que as empresas buscam em 2024*, 30 set 2024. Disponível em: https://tinyurl.com/mr3zpn74. Acessado em: set. 2025.

Competência	Descrição	Perguntas
Adaptabilidade e resiliência	Capacidade de ajustar-se rapidamente a mudanças e de se recuperar de adversidades.	1. Conte sobre um momento em que precisou se adaptar rapidamente a uma mudança inesperada. 2. Pode compartilhar um exemplo de como lidou com um desafio que exigiu que você persistisse por muito tempo, criasse alternativas para que finalmente atingisse o resultado?
Pensamento crítico e resolução de problemas complexos	Habilidade de analisar situações complexas e encontrar soluções eficazes e práticas.	1. Fale sobre um problema que você resolveu recentemente que era mais difícil do que o normal da sua rotina. 2. Conte sobre uma situação em que precisou analisar várias opções antes de decidir.
Criatividade e inovação	Capacidade de propor ideias originais e implementar melhorias criativas.	1. Pode compartilhar um exemplo de como encontrou uma solução diferente de tudo o que já tinha feito antes para resolver um problema? 2. Conte sobre um momento em que sua criatividade impactou positivamente o seu trabalho.

Competência	Descrição	Perguntas
Inteligência emocional	Aptidão para compreender e gerenciar as próprias emoções e as dos outros.	1. Pode descrever uma situação desafiadora no trabalho em que precisou controlar suas emoções para tomar uma decisão eficaz? Como você lidou com isso e qual foi o impacto? 2. Pode compartilhar um exemplo de como ajudou sua equipe a se manter motivada e focada durante um momento desafiador ou de incerteza?
Competências digitais	Proficiência no uso de tecnologias e ferramentas digitais relevantes para o trabalho.	1. Pode compartilhar um exemplo de como você dominou uma nova tecnologia para melhorar seu trabalho? 2. Conte sobre um momento em que usou competências digitais para resolver um problema.
Comunicação eficaz	Habilidade de transmitir informações de maneira clara e assertiva.	1. Conte sobre uma vez em que você precisou explicar algo complexo para uma equipe. 2. Pode compartilhar um exemplo de como você resolveu um mal-entendido por meio de comunicação eficaz?

(continua)

Competência	Descrição	Perguntas
Trabalho em equipe e colaboração	Capacidade de trabalhar de forma colaborativa com colegas para alcançar objetivos comuns.	1. Fale sobre um projeto em que colaborou com colegas para alcançar um objetivo. 2. Pode compartilhar um exemplo de como incentivou a colaboração em um time?
Liderança e influência	Habilidade de motivar, guiar e influenciar equipes para atingir metas organizacionais.	1. Pode compartilhar um exemplo de como delegou responsabilidades de forma eficaz? 2. Conte sobre como influenciou sua equipe para alcançar resultados.
Gestão do tempo e organização	Competência em organizar tarefas e gerenciar o tempo de forma eficiente.	1. Fale sobre uma vez em que precisou gerenciar várias tarefas com prazos apertados. 2. Conte sobre um momento em que organizou sua rotina para atender a demandas importantes.
Aprendizado contínuo	Disposição e curiosidade para aprender novas habilidades e conhecimentos ao longo do tempo.	1. Fale sobre uma habilidade ou um conhecimento recente que você adquiriu. 2. Conte sobre como você busca se manter atualizado em sua área.

Para uma entrevista ser bem-feita, é importante buscar exemplos reais do entrevistado (no trabalho ou em outras iniciativas, caso a posição seja mais júnior). Esses exemplos irão mostrar dois elementos importantes: a capacidade de concatenar ideias, objetividade (ou não) de respostas e a forma de raciocínio, além de trazer exemplos para você avaliar a competência na prática.

Digamos que vocês estão falando sobre resiliência. No exemplo prático, é muito fácil identificarmos o que a pessoa considera como resiliência e também se o que ela apontou como exemplo indica uma boa capacidade de resiliência. Outro ponto que você precisa levar em consideração é o hábito do uso do coletivo: "a gente fez", "a gente propôs". Lembre-se de que o objetivo é buscar o que a pessoa fez e não o que foi feito na empresa pela qual ela passou. Então sempre busque isolar a contribuição desta pessoa dentro do exemplo dizendo algo como: "neste exemplo que você trouxe, qual foi sua contribuição direta".

✖ Erro nº 2: Tomar decisões com base em vieses

Consequência: vieses (tendência que influencia como pensamos ou tomamos decisões, mesmo sem percebermos) em entrevistas comprometem a objetividade, levando a maiores chances de contratações desalinhadas, perda de talentos, menor diversidade e aumento de custos por *turnover*[53] e baixa produtividade. Por exemplo, durante um processo seletivo para a vaga de coordenador de compras, o entrevistador decidiu contratar um candidato porque ele tinha um estilo de comunicação extrovertido e carismático, acreditando que isso

53 *Turnover* é um indicativo da rotatividade de colaboradores em uma empresa. Para isso, leva em consideração o número de pessoas que saíram e o número de pessoas que entraram em determinado período.

indicava boa liderança. Entretanto, o candidato não possuía as competências técnicas e comportamentais necessárias para a função, como organização, visão estratégica e capacidade de priorizar demandas. Esse viés compromete a objetividade na decisão, resultando em uma contratação desalinhada. Como consequência, os problemas no setor de compras persistiram, gerando custos adicionais com novo recrutamento e impactando a produtividade da equipe.

Aqui estão os três vieses mais comuns em processos seletivos e como mitigá-los.

Tipo de viés	O que é	Exemplo	Como mitigar[54]
Afinidade	Tendência de preferir candidatos que compartilham interesses, experiências ou características semelhantes às suas.	Contratar alguém porque frequentou a mesma universidade ou tem hobbies em comum.	Estruturar entrevistas com critérios objetivos e perguntas padronizadas, além de envolver múltiplos avaliadores no processo.
Confirmação	Formar uma opinião inicial – positiva ou negativa – com base em um detalhe e usar o restante da entrevista para confirmá-la.	Assumir que um candidato é excelente porque impressionou no início com um detalhe do currículo.	Aguarde até o final da entrevista para formar um julgamento e baseie a avaliação em evidências concretas de desempenho.
Efeito halo/horn	Permitir que uma característica positiva (halo) ou negativa (horn) domine a percepção geral sobre o candidato.	Focar excessivamente em uma conquista acadêmica ou em uma gafe cometida na entrevista.	Avalie o candidato em múltiplos critérios e peça feedback de outros entrevistadores para equilibrar a visão.

54 Mitigar: no contexto de vieses, significa reduzir ou minimizar seu impacto. Não é possível eliminá-los completamente, mas é possível adotar estratégias para diminuir sua influência nas decisões.

3. Busque referências

Feita a decisão de qual é o melhor candidato, busque, pelo menos, duas referências anteriores. Para chegar a essas pessoas, pergunte ao candidato o contato de quem pode falar sobre seu trabalho.

Observe os erros mais comuns quando for ligar para a pessoa indicada pelo candidato:

✖ Erro nº 1: Fazer perguntas genéricas ou irrelevantes

Solicitar informações amplas como "ele era um bom funcionário?" sem explorar comportamentos específicos ou alinhados à função.
Como evitar: Faça perguntas direcionadas, como "pode dar um exemplo de como ele lidava com prazos apertados?".

✖ Erro nº 2: Ignorar sinais de alerta durante a conversa

Desconsiderar hesitações ou respostas vagas das referências.
Como evitar: pergunte diretamente sobre áreas de melhoria ou situações desafiadoras que envolviam o candidato. Algumas perguntas básicas que podem ajudar:

- Qual é sua relação com a pessoa candidata? (É importante ter certeza de que não eram apenas amigos, priorize pelo menos um gestor e uma pessoa que trabalhou com ela como par.)
- O que ela fazia que era o maior diferencial no dia a dia?
- O que geralmente não dá certo quando se trabalha com esta pessoa?
- O que eu preciso saber para ajudar ela no seu desenvolvimento profissional?
- Você trabalharia novamente com esta pessoa?

Feita a entrevista com os cuidados demonstrados, dedique um tempo de qualidade para a sua decisão de quem contratar. Sempre sugiro o seguinte checklist:

✓ Qual candidato preenche melhor os critérios da seleção?

✓ O que a pessoa escolhida precisará desenvolver para o cargo? (Fique atento para apoiar este processo.)

✓ A pessoa escolhida tem quais diferenciais e pontos fortes para esta posição?

✓ O que você, como gestor, deve fazer para ajudar esta pessoa a ter sucesso no trabalho, considerando seu perfil, pontos fortes e pontos de desenvolvimento?

4. Dedique tempo à integração dessa pessoa no time

Contratar não acaba na proposta de trabalho. As primeiras semanas são fundamentais para que a pessoa se adapte à empresa, e a liderança é responsável por isso. Garanta que:

- Haja clareza sobre as responsabilidades: apresente um plano inicial com as expectativas e metas.
- A pessoa conheça o time: proporcione oportunidades para interações com colegas e lideranças, promovendo integração.
- A pessoa tenha suporte necessário: certifique-se de que as ferramentas, os treinamentos e os recursos estejam disponíveis desde o primeiro dia.
- A pessoa entenda o funcionamento da empresa: ajude a pessoa a entender os valores e a dinâmica da empresa, reforçando o que é valorizado na equipe.

COMUNICAR

A comunicação é uma via de duas mãos. Você também precisa ser compreendido, não apenas falar. Parece óbvio, mas muitas vezes nos perdemos na comunicação. Vou compartilhar um exemplo que vai esclarecer mais. Uma cliente minha havia acabado de ser promovida a gestora em uma startup promissora. Era a primeira vez que liderava uma equipe, e ela estava empolgada com o desafio. Como sempre foi muito competente no que fazia, acreditava que sabia exatamente do que o time precisava para atingir os resultados. Nos primeiros meses, adotou um estilo direto: delegava tarefas, estabelecia prazos e focava nos resultados. Para ela, era simples; afinal, cada pessoa tinha suas responsabilidades e deveria saber o que fazer. Mas as coisas começaram a desandar. Projetos eram entregues fora do prazo, decisões importantes eram atrasadas, e ela percebia que o time parecia distante.

Um dia, recebeu um feedback inesperado: "Não sabemos exatamente o que você espera da gente. Você delega as tarefas, mas não explica o contexto ou o objetivo. Às vezes, temos dúvidas, mas não sabemos se podemos trazer isso para você, porque parece que está sempre ocupada".

Minha cliente ficou chocada. Ela acreditava que sua equipe entendia perfeitamente os seus pedidos, mas percebeu que não estava comunicando suas ideias e expectativas de forma clara e, pior, não estava aberta para escutar sua equipe. Ela decidiu mudar. Começou a fazer reuniões regulares, em que explicava os objetivos dos projetos e ouvia as ideias e preocupações de todos. Mostrou-se mais acessível para que a equipe se sentisse confortável em trazer dúvidas ou sugestões. Também passou a dar feedback constante e pedir retorno sobre sua própria comunicação.

Pouco tempo depois, notou a diferença. A equipe começou a trabalhar de maneira mais alinhada, os prazos foram cumpridos e o ambiente se tornou mais colaborativo. Mais importante, ela sentiu que sua conexão com o time havia se fortalecido. Minha cliente aprendeu da maneira mais difícil que ser líder não é só delegar e cobrar resultados, mas também comunicar-se. Além disso, viu que a comunicação não é um monólogo, mas sim um diálogo contínuo, em que clareza, escuta ativa e transparência são essenciais.

Quer se comunicar melhor? Evite os erros a seguir:

✕ Erro nº 1: Não explicar o porquê das tarefas

Consequência: A equipe executa as atividades de forma automática, sem engajamento e sem entender o impacto do que faz. Em outros casos, pessoas se desmotivam, pois entender o todo é importante para a forma como trabalham. No extremo você não desenvolve pensamento crítico no time.
Como evitar: Sempre explique a importância de cada tarefa para que o time veja propósito no trabalho. Estimule, assim, o desenvolvimento de pensamento crítico do time e o entendimento do que fazem como algo mais amplo.

✕ Erro nº 2: Não criar rituais regulares de comunicação

Consequência: A falta de alinhamento gera erros, retrabalho e sensação de isolamento dentro da equipe. Sem encontros periódicos, as prioridades ficam difusas, cada pessoa segue em um ritmo diferente, e a equipe perde a oportunidade de corrigir rotas antes que pequenos problemas se tornem grandes.
Como evitar: Estabeleça reuniões e check-ins regulares para definir prioridades e acompanhar o progresso, garantindo que a comunicação flua de maneira natural. Adapte a frequência e o formato desses encontros à realidade da equipe – reuniões

diárias curtas para times operacionais, semanais para times estratégicos ou até assíncronas para equipes remotas. Certifique-se de que esses momentos sejam produtivos, evitando reuniões apenas por rotina, mas com propósito claro.

✖ Erro nº 3: Ser inacessível para o time

Consequência: Podem ocorrer erros desnecessários por falta de orientação e até desconfiança no gestor, criando um ambiente de trabalho tenso, onde as pessoas têm receio de pedir ajuda ou esclarecer expectativas.
Como evitar: Mostre-se disponível e acessível, incentivando perguntas e feedbacks sem julgamentos. Lembre-se de que um líder acessível não é aquele que resolve tudo, ou faz tudo o que o time quer, é aquele que dialoga e estimula o entendimento coletivo.

✖ Erro nº 4: Ouvir sem realmente escutar

Consequência: A equipe se sente desvalorizada, desmotivada e pode deixar de compartilhar ideias e preocupações. Muitas vezes, ideias valiosas são perdidas simplesmente porque o gestor não deu espaço para que a pessoa se expressasse. Além disso, quando a equipe percebe que suas opiniões não são consideradas, a tendência é que o engajamento e a confiança no líder diminuam, afetando diretamente a produtividade e o clima de trabalho.
Como evitar: Deixe a pessoa concluir seu raciocínio e evite interromper ou supor respostas. Demonstre que realmente ouviu fazendo perguntas que aprofundem a conversa e validando o que foi dito. Em reuniões e conversas individuais, evite distrações, como celular ou e-mails, e dedique sua atenção plena ao diálogo. Criar espaços seguros para trocas sinceras fortalece a relação de confiança e melhora a tomada de decisão.

✕ Erro nº 5: Não ser claro e objetivo

Consequência: Instruções confusas geram erros e retrabalho. Além disso, a falta de clareza sobre expectativas pode gerar ansiedade nos colaboradores, que não sabem exatamente o que se espera deles. A falta de objetividade também leva a reuniões longas e improdutivas, dificultando a execução das demandas.
Como evitar: Certifique-se de que as expectativas estão claras e, ao final, pergunte: "Faz sentido? Ficou alguma dúvida?". Para iniciativas mais complexas, formalize as orientações em meios de comunicação internos, como canais corporativos ou manuais de trabalho, garantindo que todos tenham acesso à informação quando necessário. O equilíbrio entre comunicação verbal e escrita pode ser decisivo para evitar desalinhamentos e facilitar a execução das tarefas.

✕ Erro nº 6: Ignorar os diferentes estilos de comunicação da equipe

Consequência: Algumas pessoas são mais objetivas e preferem mensagens diretas e enxutas, enquanto outras necessitam de mais contexto e explicações detalhadas. Há aqueles que lidam bem com prazos curtos e decisões rápidas, enquanto outros precisam de mais tempo para processar informações e refletir antes de agir. Quando o líder ignora essas diferenças, pode gerar mal-entendidos, frustrações e até desmotivação no time.
Como evitar: Adapte sua abordagem para cada perfil, levando em conta não apenas os canais de comunicação, mas também o estilo de interação. Para pessoas mais objetivas, vá direto ao ponto, fornecendo informações claras e concisas. Para aqueles que precisam de mais contexto, ofereça detalhes adicionais e demonstre paciência ao explicar. Se o colaborador for mais emocional, tenha atenção ao tom e à forma como transmite feedbacks ou delega tarefas, garantindo que a comunicação seja

empática. Já para perfis mais racionais, baseie suas conversas em fatos, dados e lógica para facilitar a adesão. Encontre o equilíbrio entre as necessidades individuais e as demandas do time, garantindo uma comunicação clara, eficiente e respeitosa para todos.

✖ Erro nº 7: Sobrecarregar com informações

Consequência: O excesso de detalhes confunde o time, tornando difícil priorizar e absorver o que realmente importa. Isso pode gerar fadiga mental, diminuir a capacidade de concentração e até fazer informações críticas serem ignoradas ou esquecidas. Além disso, a sobrecarga de informações pode levar à procrastinação, pois as pessoas se sentem perdidas sobre por onde começar.
Como evitar: Organize a comunicação de forma estruturada e compartilhe as informações de maneira gradual e segmentada. Utilize ferramentas como resumos executivos, bullets points e materiais de apoio para facilitar a absorção do conteúdo.

DELEGAR

Delegar não é só distribuir tarefas. Pressupõe entender a maturidade, o preparo e a responsabilidade de cada um e aí confiar que cada um fará a sua parte. E lembre-se: dar responsabilidade sem direcionamento e apoio suficientes não é poder, é apenas negligência.[55]

Para ilustrar isso, vou contar outra história de cliente meu, um talentoso profissional de tecnologia que sempre foi conhecido por sua habilidade técnica e atenção aos detalhes. Quando

55 TULGAN, 2019.

foi promovido a gerente de uma equipe, percebeu que aquela seria uma atividade completamente diferente de tudo com que já havia trabalhado. Já de início se viu em um erro bastante comum para gestores de primeira viagem: ele acreditava que, para garantir a qualidade, deveria manter para si as atividades que considerava mais importantes (mesmo que operacionais). Ele rapidamente se viu sobrecarregado, já que tinha acumulado tarefas que não deveria estar fazendo nesse novo papel.

Meu cliente entendeu que, por gostar da parte técnica e por ser muito bom nela, acabava resolvendo tudo sem desenvolver o time para que fizesse sozinho. Afinal, era mais rápido ele resolver do que ensinar. Vendo que aquilo não era sustentável, ele percebeu que precisaria delegar. Mas como fazer isso sem ter certeza se o time seria capaz de entregar?

Neste momento expliquei a estratégia da Amazon que classifica as decisões em Tipo 1 (irreversíveis ou de alto impacto, que exigem análise cuidadosa) e Tipo 2 (reversíveis ou de baixo impacto, que podem ser feitas rapidamente).[56] Sugeri que aplicasse uma abordagem similar ao delegar responsabilidades ao time. Ele começou identificando quais decisões eram Tipo 1 e decidiu que essas precisavam de sua atenção direta ou de discussões mais aprofundadas e, portanto, precisariam ser delegadas às pessoas mais seniores de seu time e seu acompanhamento próximo. Por outro lado, para decisões Tipo 2, Lucas delegou a responsabilidade diretamente para as pessoas do time, dando autonomia para que tomassem decisões rápidas e experimentassem soluções, mesmo que isso os levasse a erros.

---

56 FORBES. *Improve Buy-In To Your Decision-Making With The Power Model*. 10 jan. 2023. Disponível em: https://tinyurl.com/bjdkukuw

Com essa abordagem, ele conseguiu desenvolver o time com base nos desafios e nas entregas e pôde direcionar sua energia às questões complexas. Com o tempo, ele ganhou mais disponibilidade para focar no que o papel de gestor exigia, e o resultado foi um time mais engajado e ágil, com uma divisão de responsabilidades bem definida e um gestor menos sobrecarregado.

Baseando-se na história do meu cliente, veja outros erros comuns ao delegar e como evitá-los:

✗ Erro nº 1: Não definir expectativas claras

Não especificar o que precisa ser feito, os prazos e o resultado esperado.

Consequência: Confusão sobre as entregas, desalinhamento entre o que foi solicitado e o que foi entregue, além de resultados abaixo do esperado. Sem uma expectativa bem definida, o colaborador pode se perder na execução ou interpretar a demanda de forma diferente do gestor. Isso pode levar a retrabalho e frustrações de ambos os lados.

Como evitar: Explique o objetivo da tarefa, os prazos e os padrões esperados para a entrega e certifique-se de que o colaborador compreendeu.

✗ Erro nº 2: Fazer microgestão (gerenciamento de perto, quase um controle excessivo)

Supervisionar cada detalhe da execução, tirando autonomia do time.

Consequência: O excesso de supervisão desmotiva a equipe, gerando frustração e perda de confiança no gestor. Além disso, o gestor se sobrecarrega e perde tempo controlando detalhes operacionais.

Como evitar: Dê autonomia com limites claros. Defina expectativas no início, acompanhe sem interferir a cada etapa e confie na capacidade do time. Caso um colaborador precise de mais orientação, ofereça suporte pontual em vez de monitoramento constante.

✕ Erro nº 3: Fazer subgerenciamento

Delegar sem fornecer suporte, direção ou acompanhamento suficientes.

Consequência: Sem direcionamento adequado, os colaboradores podem ficar inseguros sobre como proceder, resultando em falta de progresso ou entregas de baixa qualidade. Além disso, erros evitáveis podem acontecer simplesmente porque o gestor não esteve presente para esclarecer dúvidas ou corrigir o curso a tempo.

Como evitar: Forneça instruções iniciais claras e deixe um canal aberto para dúvidas. Acompanhe o progresso sem ser invasivo e ajuste o suporte conforme necessário. Demonstre disponibilidade para ajudar sem tirar a autonomia do colaborador.

✕ Erro nº 4: Delegar apenas tarefas simples

Distribuir somente atividades operacionais, deixando as estratégicas para si.

Consequência: O time não se desenvolve, pois não tem acesso a desafios que permitam crescimento profissional. Além disso, o gestor fica sobrecarregado com decisões estratégicas que poderiam ser compartilhadas. Isso gera um ciclo vicioso: a equipe continua inexperiente, e o líder continua sem tempo para desenvolver seus liderados.

Como evitar: Combine tarefas operacionais e estratégicas para equilibrar o aprendizado e a eficiência do time. Delegue desafios progressivamente, ajustando conforme a capacidade do colaborador, e esteja disponível para apoiar quando necessário.

✕ Erro nº 5: Não acompanhar o progresso

Entregar a tarefa e desaparecer, sem check-ins ou feedback.
Consequência: Sem check-ins ou feedback ao longo da execução, erros só são percebidos no final, gerando surpresas desagradáveis e retrabalho. O colaborador pode seguir um caminho errado sem perceber, resultando em entregas abaixo do esperado.
Como evitar: Estabeleça momentos regulares para acompanhamento, ajustando a frequência de acordo com a complexidade da tarefa e o nível de autonomia do colaborador. Dê feedbacks construtivos ao longo do processo para garantir que a entrega final esteja no padrão esperado.

✕ Erro nº 6: Não ajustar o nível de autonomia

Dar autonomia demais ou de menos, sem considerar a maturidade do colaborador.
Consequência: Quando a autonomia é excessiva para alguém com pouca experiência, o colaborador pode se sentir perdido e inseguro. Por outro lado, quando há supervisão excessiva para alguém mais experiente, ele se sente subestimado e desmotivado. Nos dois casos, o resultado é queda na produtividade e na motivação.
Como evitar: Avalie a experiência e a maturidade do colaborador antes de delegar e ajuste o nível de suporte conforme necessário. Para iniciantes, forneça mais direcionamento e check-ins frequentes; para experientes, ofereça autonomia e apenas acompanhamento estratégico.

✗ Erro nº 7: Delegar sem prazo definido

Não estabelecer um prazo claro.
Consequência: A tarefa pode ser deixada de lado ou receber menos prioridade do que deveria. Isso pode gerar atrasos, afetando outras entregas e o fluxo de trabalho da equipe.
Como evitar: Defina prazos claros e negociados para cada entrega, considerando a complexidade da tarefa e a carga de trabalho do colaborador. Alinhe expectativas e, se necessário, divida a entrega em etapas menores com prazos intermediários.

✗ Erro nº 8: Assumir que o colaborador sabe como fazer

Presumir que a pessoa entende o processo ou possui todas as informações.
Consequência: Se o colaborador não tiver clareza sobre o processo ou não possuir as informações necessárias, ele pode executar a tarefa de maneira errada ou ineficiente. Isso gera retrabalho e pode impactar a confiança do colaborador no próprio desempenho.
Como evitar: Antes de delegar, avalie o nível de conhecimento do colaborador sobre a tarefa. Explique o processo, forneça materiais de apoio e esteja disponível para esclarecer dúvidas. Caso seja uma atividade nova, considere um treinamento ou acompanhamento inicial para garantir que ele tenha todas as ferramentas para executar bem.

DESENVOLVER

Desenvolver time também é sobre observar, refletir e agir com intencionalidade e customizando o que cada pessoa precisa. Assim, você deve levar em consideração as características pessoais e o momento atual dos colaboradores, assim como as expectativas da empresa em relação à entrega dessas pessoas. Desta maneira, esse processo pode ser dividido em quatro partes:

1. Analise:

Esse colaborador precisa de mais desafios ou mais direcionamento?

O que ele já tem e o que falta para atingir o que é esperado da função?

O que motiva, mobiliza essa pessoa? Desafios? Crescimento? Promoção?

2. Adapte o estilo de desenvolvimento:

Ajuste sua abordagem ao ritmo, ao potencial e às motivações de cada colaborador. Por exemplo, alguns respondem bem a desafios práticos e autonomia, enquanto outros preferem uma orientação mais próxima.

3. Crie oportunidades:

Inclua desenvolvimento no dia a dia: delegue projetos, exponha o colaborador a situações de aprendizagem através das entregas e incentive soluções criativas.

4. Dê feedback contínuo e equilibrado:

Feedback não é só correção. Os melhores gestores que conheço orientam o time e encorajam as reflexões de seus trabalhos no dia a dia.

Crie o hábito de fazer perguntas como: "O que você acha que pode fazer diferente na próxima vez?".

Lembre-se de reconhecer também o que foi bem-feito.

Vale lembrar como ocorre a retenção de conhecimento, que expliquei no capítulo 3, o aprendizado se torna mais significativo quando envolve participação ativa e experiências reais, pois essas práticas exigem maior engajamento mental e emocional. Portanto, explore iniciativas que percorrem diferentes naturezas de forma de aprendizagem.

Alguns exemplos:

- **Ler (retenção de 10%):** Livros, manuais, artigos e relatórios de projetos passados, além de newsletters internas e checklists.
- **Ouvir (retenção de 20%):** Gravações de reuniões e treinamentos, podcasts específicos para habilidades práticas.
- **Observar (retenção de 30%):** Vídeos tutoriais, gravações detalhadas de reuniões para ensinar fluxos de trabalho.
- **Discutir (retenção de 50%):** Promova brainstormings, sessões de troca de experiências, debates sobre novas políticas, reuniões de *feedback* e grupos interdepartamentais para resolver problemas reais e alinhar estratégias em equipe.
- **Praticar (retenção de 70%):** Inclua a equipe em projetos-piloto, simulações práticas, criação de planos de ação reais, apresentações baseadas em análises próprias e rodízios de funções para consolidar o aprendizado por meio da prática.
- **Ensinar aos outros (retenção de 95%):** Incentive que colaboradores experientes treinem outras pessoas, compartilhem aprendizados em reuniões, documentem processos, criem vídeos educativos e liderem apresentações internas para reforçar conhecimentos enquanto ensinam.

Erros comuns ao desenvolver o time

✖ Erro nº 1: Esperar que todos aprendam da mesma maneira

Consequência: Enquanto alguns aprendem melhor por meio de treinamentos formais, outros precisam de experiência prática, mentorias ou desafios progressivos. Ignorar essas diferenças torna o aprendizado ineficiente e limita o desenvolvimento do time.

Como evitar: Adapte a abordagem de desenvolvimento ao perfil de cada colaborador. Ofereça múltiplas formas de aprendizado, como treinamentos, coaching, job uoíníions e projetos desafiadores. Dê liberdade para que cada profissional explore os métodos mais eficazes para seu crescimento, sempre com suporte e direcionamento do líder.

✖ Erro nº 2: Jogar a pessoa no desafio sem preparo e chamar isso de desenvolvimento

Consequência: Colocar alguém para assumir uma tarefa difícil sem dar contexto, suporte ou orientação não é acelerar o aprendizado, é aumentar as chances de erro, insegurança e frustração. No pior cenário, ele perde a confiança no próprio potencial, e a empresa perde um talento promissor.

Como evitar: Desafios fazem parte do crescimento, mas aprender no caos pode gerar mais demora além de frustração. Antes de delegar algo complexo, garanta que a pessoa tenha informações claras, acesso a quem pode ajudá-la e liberdade para fazer perguntas.

✕ Erro nº 3: Não desenvolver sucessor para sua cadeira de liderança

Consequência: Quando um líder não se preocupa em preparar alguém para ocupar seu lugar no futuro, não consegue nem sair de férias. Além disso, líderes que não desenvolvem sucessores tendem a se sobrecarregar, pois não têm ninguém preparado para assumir responsabilidades-chave.
Como evitar: Identifique e desenvolva talentos internos que possam assumir sua posição no futuro. Delegue responsabilidades estratégicas gradativamente, exponha os profissionais a desafios reais e ofereça mentorias.

MONITORAR

Reuniões de acompanhamento são importantes para liderar seu time de maneira eficaz. Sem elas, você vai ficar apagando incêndio o tempo todo. Mas elas só serão eficazes se forem bem estruturadas. Veja as principais reuniões que você pode fazer com o seu time:

1. **Reunião de alinhamento de expectativas:** No início de sua gestão, é importante realizar uma reunião para alinhar expectativas com seu time. Isso inclui discutir metas, responsabilidades e a maneira como você pretende conduzir a liderança. Aliás, isso vale tanto para o time como para o gestor. Pergunte e entenda como cada um prefere trabalhar e veja onde é possível (ou não) fazer ajustes.
2. **Reunião de alinhamento diário:** Essa reunião ajuda a manter o controle sobre as tarefas diárias e a identificar rapidamente quaisquer bloqueios. É uma maneira eficaz de entender o progresso do time e de construir uma rotina de

comunicação regular. Essas reuniões são muito utilizadas com time de vendas e devem ser rápidas.

3. **Reunião de feedback e desenvolvimento:** Reuniões individuais permitem que você ofereça feedback personalizado, essencial para o crescimento do profissional e para o desenvolvimento como líder.

4. **Reunião de status:** Essa reunião permite que você acompanhe o progresso dos projetos, entenda os desafios que a equipe está enfrentando e garanta que todos estejam cientes das prioridades e dos prazos. Para facilitar essa gestão, eu criei o quadro de acompanhamento da equipe (Figura 5). Esse quadro foca nas entregas no time e é um *framework* utilizado por empresas com foco em resultados que pode ajudar o gerente a estar perto sem microgerenciar o time. Assim, garante a visibilidade necessária para entender o que mais importa para as tarefas naquela semana ou naquele mês.

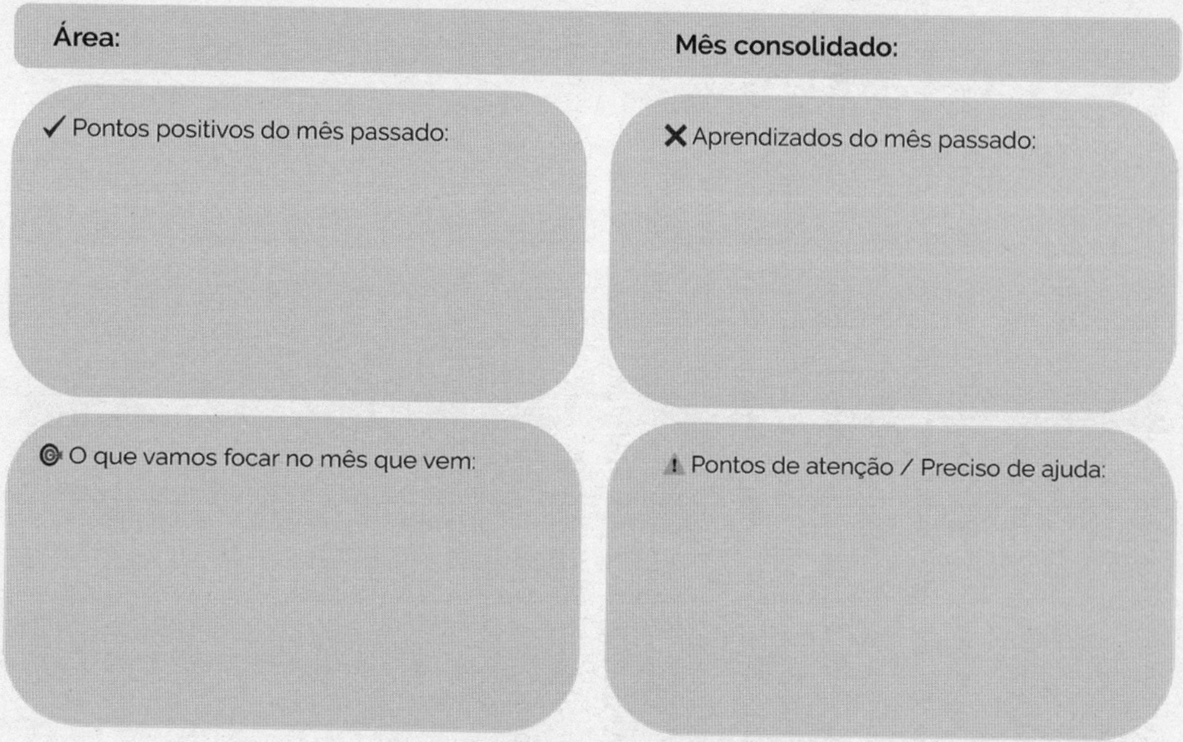

Figura 5: Modelo – Reunião de status.

(Elaborada pela autora)

AVALIAR

Avaliar o desempenho da equipe deve ser uma de suas práticas mais importantes da liderança, porque você não deve apenas medir resultados (sim, eles são importantes, porém isso não é tudo), mas também avaliar o desempenho do time de maneira estruturada. Veja os benefícios:

Para o gestor:

1. Identificação de talentos, além de áreas e pessoas com baixa performance, direcionando planos de ação.
2. Tomada de decisões de pessoal bem fundamentadas, como promoções, ajustes salariais e alocação de pessoas na função certa.
3. Monitoramento de progresso da equipe com metas claras, aumentando a responsabilidade individual e coletiva e garantindo entregas combinadas.
4. Priorização de recursos e esforços com base em análises concretas.
5. Maximização de performance da equipe ao alinhar objetivos com ações práticas.

Para o time:

1. Reforça o reconhecimento de esforços individuais e coletivos, valorizando o papel de cada colaborador.
2. Promove clareza nos objetivos e papéis, alinhando expectativas entre líderes e membros da equipe.
3. Fortalece vínculos por meio de feedback construtivo e transparência nas interações.

4. Estimula o crescimento profissional com metas desafiadoras e um entendimento claro do impacto de cada função.
5. Constrói uma cultura de entregas de resultado, em que os esforços individuais são diretamente conectados aos resultados da organização.

Para a empresa:

1. Garante o alcance dos objetivos organizacionais com ações alinhadas e desempenho de time.
2. Reforça a cultura corporativa, mesmo em momentos de crescimento ou mudança.
3. Retém os talentos.
4. Ajusta rapidamente times ou processos desalinhados, otimizando a eficiência operacional.
5. Cria um sistema de reconhecimento de entregas que motiva o trabalho individual e coletivo, sustentando a competitividade da organização no mercado.

Apesar de tantos benefícios, esse é um processo frequentemente negligenciado pelas lideranças. Uma das desculpas mais comuns é "não tenho tempo" ou então "já dou feedbacks no dia a dia". Feedbacks diários são essenciais para ajustes rápidos e correções pontuais, mas não substituem uma avaliação estruturada de desempenho.

Se você nunca fez isso antes e não tem um RH para fornecer algo estruturado, não se preocupe. Eu sugiro o seguinte processo:

1. Defina metas (o que é entregue)

O que medir:

- Resultados: entregas concretas (p. ex., metas de vendas, projetos finalizados, prazos cumpridos).
- Impacto: efeitos das ações no negócio ou na equipe (p. ex., aumento de eficiência, redução de custos).

Como fazer:

- Use metas claras (p. ex., "aumentar vendas em 15% até o final do trimestre").
- Documente as metas em uma ferramenta simples, como uma planilha Excel se não houver sistema.

2. Avalie os comportamentos e as entregas

O que avaliar:

- Comportamentos: comunicação, colaboração, criatividade e resolução de problemas.
- Entregas: as metas combinadas.

Como fazer:

- No momento de registrar sua avaliação, utilize a seguinte régua:
  - (1) Constantemente não atende expectativas: Resultados e comportamentos consistentemente abaixo do esperado.
  - (2) Não atende expectativas: Resultados e comportamentos pontualmente abaixo do esperado.
  - (3) Atende expectativas: Resultados e comportamentos dentro do esperado.

④ Excede expectativas: Resultados e comportamentos superam o esperado em algumas situações.

⑤ Constantemente excede expectativas: Resultados e comportamentos superam o esperado de forma consistente.

- Use exemplos claros para justificar a avaliação dentro do período avaliado: "Na reunião com a área de marketing, sua abordagem colaborativa foi essencial para resolver o impasse", ou então "na entrega do projeto de compras, houve muitos erros de falta de atenção".

3. Feedback e ajustes

O que abordar:

- Reconhecimento de conquistas e comportamentos positivos.
- Correções de rota para metas e comportamentos desalinhados.

Como fazer:

- Comece sempre pedindo uma autoavaliação:
  - Quais avanços você fez nas metas?
  - Como você avalia seu impacto no time?
  - Quais próximos passos você sugere?

Em seguida, dê seu feedback e use modelo COMECE-PARE-CONTINUE:

- COMECE a... (p. ex., ser mais proativo nas reuniões).
- PARE de... (p. ex., ignorar prazos definidos pela equipe).
- CONTINUE a... (p. ex., colaborar ativamente nas entregas).

Com o resultado em mãos, o gestor pode tomar decisões com mais confiança e autonomia, sem depender exclusivamente de processos formais ou processos do RH. Essa prática ajuda a evitar vieses, promove o crescimento da equipe e garante que o desenvolvimento do time esteja alinhado aos objetivos da organização. É o tipo de habilidade que separa um gestor reativo – aquele que não prevê os problemas e vai lidando com eles conforme vão aparecendo – de um gestor estratégico – aquele que faz um planejamento a longo prazo.

A empresa não tem um processo e não tem alguém para organizar? Não tem orçamento para contratar um sistema? Utilize planilhas ou formulários de pesquisa disponíveis em plataformas como o Google Drive. Lembre-se de que o mais importante de ter um processo perfeito é ter algo que ajude você. Primeiro você começa, depois aperfeiçoa.

PROMOVER

Acha difícil promover? Experimente perder o funcionário e ter que contratar alguém pior por um salário maior. Aí você vai enxergar a importância de reconhecer e pagar o salário merecido para seu time.

É claro que isso não significa sair promovendo quem quer que seja só porque o mercado pode estar de olho nele.

Observe alguns erros comuns ao promover:

✖ Erro nº 1: Promover por tempo de empresa

Consequência: Tempo de casa não significa competência para o novo cargo. Ao promover alguém apenas pelo tempo de casa, há risco de desmotivar funcionários mais qualificados e criar líderes ineficientes. Além disso, o desempenho do time pode cair se a pessoa promovida não estiver preparada para a função. **Como evitar:** Baseie a promoção em mérito, competências e potencial, não apenas no tempo de empresa. Utilize avaliações de desempenho, feedbacks 360° e critérios objetivos para tomada de decisão.

✖ Erro nº 2: Ceder a pressões

Consequência: Decisões apressadas e sem embasamento podem resultar na escolha errada, causando impacto negativo no desempenho do promovido e do time. Além disso, ceder a pressões internas pode gerar um ciclo no qual promoções deixam de ser estratégicas e passam a ser apenas políticas. **Como evitar:** Faça uma avaliação criteriosa antes de promover alguém. Analise o histórico de desempenho, habilidades necessárias para o novo cargo e a capacidade do profissional de assumir mais responsabilidades.

✖ Erro nº 3: Não definir expectativas claras

Consequência: O profissional pode assumir o novo cargo sem entender suas reais responsabilidades, levando a frustrações e dificuldades de adaptação. Isso pode impactar seu desempenho e o da equipe, aumentando o risco de falha na nova função. **Como evitar:** Antes da promoção, tenha conversas claras sobre as novas expectativas, responsabilidades e métricas de sucesso. Estabeleça objetivos concretos e dê tempo para a adaptação.

✖ Erro nº 4: Faltar no suporte na transição

Consequência: Não preparar o colaborador pode comprometer seu desempenho. O profissional promovido pode se sentir perdido e sobrecarregado, impactando seu desempenho e aumentando o risco de erro ou desistência do cargo.

Como evitar: Ofereça treinamentos, mentoria e acompanhamento no início da nova função. Estabeleça check-ins regulares para alinhar expectativas e apoiar na adaptação ao novo desafio. Lembre-se: você também é importante para o sucesso do seu time.

Levando tudo em consideração, como promover corretamente? Utilize este passo a passo:

- ✓ **Defina critérios claros:** estabeleça critérios objetivos baseados em desempenho, valores e novas responsabilidades.
- ✓ **Alinhe a promoção com metas organizacionais:** certifique-se de que a promoção atende a uma necessidade da empresa também.
- ✓ **Verifique o alinhamento cultural:** promova quem reforça a cultura organizacional e influencia positivamente a equipe.
- ✓ **Comunique com transparência:** explique ao colaborador promovido e ao time os motivos da promoção e as expectativas do novo cargo.
- ✓ **Planeje a transição:** ofereça treinamentos e suporte inicial para o colaborador.
- ✓ **Monitore o desempenho:** acompanhe os primeiros meses para ajudar na adaptação ao novo cargo.

DEMITIR

Você já deve ter ouvido a seguinte frase "demore para contratar, mas demita rápido". Por mais difícil que seja essa decisão de demitir alguém, ela precisa ser feita. Não dá para procrastinar esse momento.

Geralmente, a demissão é o extremo de uma situação criada pelos processos da empresa, pelo comportamento do colaborador ou pelo próprio gestor que não deu feedbacks adequados, que contratou mal, entre outros. Esses todos são sintomas que mostram que algo está errado. Entender as razões por trás da saída permite identificar melhorias necessárias na organização, reduzir a rotatividade e aprimorar a cultura organizacional. Conheça alguns desses motivos:

Motivo	Do que se trata	Sintoma
Desempenho	Ocorre quando o colaborador não atende às expectativas de performance, apesar de *feedbacks* prévios.	• Desempenho abaixo do esperado mesmo após treinamentos e *feedbacks*; • Metas e prazos não cumpridos.
Comportamento	Envolve ações que vão contra os valores ou as normas da empresa, como conduta antiética ou conflitos recorrentes.	• Violações do código de conduta; • Atitudes que afetam negativamente o ambiente de trabalho.
Reestruturação	Decorrente de mudanças organizacionais, como fusões, cortes de custo ou fechamento de áreas.	• Redução de custos; • Reestruturação que torna a posição obsoleta.

A demissão nem sempre é uma decisão apenas da empresa. Ela pode ser resultado de uma vontade da pessoa ou até mesmo de um consenso de ambos os lados. Veja:

Tipo	Detalhamento	Causas
Por acordo mútuo	A decisão é tomada em comum acordo entre empresa e colaborador. Pode envolver incentivos de saída.	• Funcionário desalinhado com a estratégia da empresa; • Interesse de ambas as partes em encerrar o vínculo.
Voluntário	Ocorre quando o colaborador opta por deixar a empresa.	• Insatisfação com o cargo ou ambiente; • Problemas pessoais; • Oferta de melhores oportunidades no mercado.
Por justa causa	Resulta de faltas graves cometidas pelo colaborador, como fraudes.	• Condutas que quebram a relação de confiança; • Violações graves da legislação ou do contrato.

Nunca é confortável chamar uma pessoa para falar que ela será desligada da empresa. Assim como a contratação foi respeitosa, o desligamento também precisa ser. Repare que esse processo começa antes mesmo do comunicado oficial ao colaborador.

1. Desenvolvimento

- Analise feedbacks e resultados para confirmar padrões negativos.
- Converse sobre expectativas e melhorias necessárias.
- Ofereça ferramentas e recursos para corrigir falhas.
- Documente o progresso ou a ausência de melhorias.

2. Decisão

- Reúna-se com seus líderes e o RH para revisar a justificativa do desligamento.
- Verifique leis trabalhistas e políticas internas para evitar irregularidades.
- Prepare um plano para redistribuir responsabilidades da posição.

3. Reunião de desligamento

- Realize a conversa em um ambiente reservado e respeitoso.
- Explique a decisão de forma objetiva e empática.
- Informe sobre benefícios, rescisão e procedimentos de saída.

4. Documentação

- Apresente a carta de desligamento e os cálculos rescisórios.
- Verifique se todos os documentos estão assinados e arquivados.
- Documente o processo e feedbacks recebidos para referência futura.

5. Entrevista de desligamento

- Converse com o colaborador para entender os motivos que levaram ao desligamento.
- Ofereça uma alternativa escrita para capturar percepções em casos mais delicados.
- Identifique padrões que possam ser corrigidos, como falhas na gestão, desalinhamento cultural ou problemas no ambiente de trabalho.

Figura 6: Passo a passo para desligar.
(Elaborada pela autora)

***

O que eu apresentei neste capítulo foram as tarefas básicas que envolvem a liderança. A partir daqui, você pode aprimorá-las ao longo da sua jornada, assim como avaliar o que faz sentido e o que não faz sentido para a empresa em que trabalha. Depois disso, você tem um caminho em que pode andar com mais segurança e ciente do seu trabalho em prol do time.

PONTO DE VISTA, COM DANI BRUZZI[57]

Processos internos também são responsabilidade da liderança

Dani Bruzzi é fundadora da Ellas, aceleradora de gestão de pessoas que apoia empresas e profissionais de RH a desenvolverem soluções que alinhem a estratégia de pessoas com cultura, modelo e estágio do negócio.

O cenário corporativo tem passado por transformações significativas nas últimas décadas. Profissões tão conhecidas deixaram de existir e novas surgiram. Habilidades que não eram consideradas prioridades passaram a ser ponto de atenção nas contratações e até mesmo funções antes delegadas a um único departamento se tornaram mais descentralizadas.

O RH é um exemplo desse novo modelo. Se antes cabia a essa área a responsabilidade integral sobre temas ligados à gestão de pessoas, neste novo cenário há uma transferência de conhecimento, exigindo dos líderes de cada time um entendimento profundo dos processos internos das empresas e uma coparticipação na construção desses processos, que vai desde o desenho da estrutura e necessidades de contratação da equipe até o processo de desenvolvimento ou desligamento de um colaborador. Dessa maneira, o RH se torna um instrumento na adoção desses processos, enquanto o protagonismo fica com os líderes.

Líderes que não assumem a responsabilidade pela gestão de pessoas correm um risco gigante de formar uma equipe ineficaz. Isso porque é maior a chance de fazer contratações mal-sucedidas, assim como dar feedbacks, acompanhar as pessoas e promovê-las. Aqui na Ellas acompanhamos muitas empresas, e uma delas, em dois anos, trocou 100% do time. Isso deixa evidente a fragilidade na contratação de pessoas, além de uma falta de alinhamento entre a cultura da empresa (que

57 Perfil de Dani Bruzzi no LinkedIn: https://www.linkedin.com/in/dani-bruzzi/. Confira também o episódio do Pod Liderar Podcast com a especialista. Disponível em: https://www.youtube.com/watch?v=onH9WDVWAuE. Acessado em: 14 jun. 2025.

não conseguiu imprimir uma identidade) e a liderança que, consequentemente, afetou os resultados da companhia.

Lembro-me de outra empresa com 400 colaboradores que implementou uma metodologia de nivelamento de cargos e trilha de carreira, conhecido como "levels". Ao mapear a senioridade da equipe, a empresa identificou uma concentração significativa de profissionais em níveis júnior, tanto nas equipes quanto na liderança. Essa disparidade mostra a necessidade de um direcionamento mais claro e um preparo mais profundo dos líderes que não consideraram a diversidade da maturidade profissional necessária dentro das equipes, justamente porque não conhecem os processos e acabam deixando na mão do RH. Para o sucesso de uma equipe, é muito importante garantir que haja um mescla de senioridade e maturidade profissional, alinhando as expectativas e calibrando a barra de exigência.

Por outro lado, esse domínio dos processos internos pelo gestor ajuda em diferentes aspectos. Entre os mais importantes, para mim, está a comunicação e a promoção. Quanto mais direta for a comunicação com a sua equipe ("temos que chegar a esse objetivo, com esse resultado, como vamos fazer isso?"), menos microgerenciamento você precisará fazer, pois os colaboradores ganham autonomia para tomar decisões que levam ao objetivo proposto.

Em relação à promoção e ao feedback, o conhecimento dos processos internos permite ao gestor dar ferramentas e espaço para que os colaboradores façam uma autorreflexão sabendo onde podem melhorar ou criando um senso de autorresponsabilidade. Essas atitudes tiram um peso da liderança, que pode se dedicar a ser um guia, facilitando o desenvolvimento da equipe e otimizando o relacionamento interpessoal.

Mas um gestor só consegue se comprometer com os processos internos quando os conhece. Por isso, a minha dica: busque continuamente o desenvolvimento de suas habilidades, reconhecendo suas limitações e buscando adquirir novas competências. A jornada do líder é um eterno aprendizado, e a performance eficaz está diretamente ligada à humildade intelectual e à disposição para reconhecer que precisa aprender e evoluir.

AGORA É A SUA VEZ

1. CONTRATAÇÃO

Você traz as pessoas certas para o time?

Onde está acertando?

O que você poderia melhorar?

2. COMUNICAÇÃO

Sua equipe entende o que você espera dela?

Onde está acertando?

O que você poderia melhorar?

3. DELEGAÇÃO E DESENVOLVIMENTO

Você cria oportunidades para seu time crescer?

Onde está acertando?

O que você poderia melhorar?

4. ACOMPANHAMENTO E FEEDBACK

Você garante que o time evolua?

Onde está acertando?

O que você poderia melhorar?

5. AVALIAÇÃO DE DESEMPENHO

Você tem clareza sobre a evolução do seu time?

Onde está acertando?

O que você poderia melhorar?

6. ALINHAMENTO

Você conversa com sua equipe além das demandas diárias?

Onde está acertando?

O que você poderia melhorar?

Agora, olhe para suas respostas.

Em qual dessas áreas você se sente mais confiante?

Qual delas é seu maior desafio hoje?

REFLEXÃO FINAL

O que você aprendeu sobre gestão de pessoas que antes não estava claro?

O que quer fazer com o que aprendeu?

8. NÍVEL 5 DA PIRÂMIDE DA LIDERANÇA:

QUEM ESTÁ COMIGO?

É preciso conhecer as pessoas para liderá-las.

Peter Drucker

Liderar bem pressupõe saber quem está com você. Não pense que estamos falando somente de cargos e funções. Líderes eficazes são aqueles que conhecem seus liderados além do que o currículo traz, entendendo seus talentos, como trabalham com o time e suas motivações.

Só que entender e lidar com pessoas não é simples, pois não é matemático. Pessoas podem reagir de diferentes maneiras à mesma abordagem. E muitas vezes, mesmo planejando e conduzindo tudo com cuidado, você pode receber reações inesperadas. Isso não é exclusivo do ambiente de trabalho, é do ser humano mesmo.

Agora imagine tudo isso acontecendo dentro de um time com pessoas que não se conhecem – e algumas nem mesmo gostariam de ser amigas umas das outras –, mas que precisam entregar resultados juntas. Cada funcionário tem uma personalidade que foi moldada a partir da sua história de vida e das experiências que acumulou ao longo da sua carreira. Além disso, cada pessoa está neste ambiente profissional por diferentes razões, com diferentes expectativas profissionais; agem de diferentes maneiras e agregam características individuais ao grupo.

Por isso, seja assumindo um time já montado ou contratando uma equipe do zero, conheça efetivamente as pessoas que reportam para você. Assim logo poderá tomar decisões gerenciais e trabalhar da melhor maneira possível com esse grupo. Parece fácil?

Com esse cenário, chegamos ao nível 5 da Pirâmide da Liderança: "quem está comigo?". Acredite:

> Um mês de qualidade que você investe para conhecer seu time vai garantir meses de trabalho de qualidade para todos.

Por isso, precisamos falar de aspectos importantes para ajudar seu mapeamento inicial do time, que podem ajudar você a ganhar tempo sem perder qualidade.

COMO SUA EQUIPE CHEGOU ATÉ AQUI?

Toda equipe tem uma história. Algumas equipes são montadas do zero – quando contratamos todos no mesmo momento para atender a uma nova demanda da empresa, por exemplo –, enquanto outras equipes evoluem ao longo do tempo, com mudanças em sua composição e estrutura.

A história desse time pode trazer informações valiosas para sua gestão. Portanto, assim que você assume uma equipe, precisa entender como ela foi formada e o que moldou sua dinâmica. Algumas perguntas podem ajudar:

- Como essa equipe foi formada?
- Quem são os membros mais antigos e os mais novos do time?
- Quais foram as mudanças mais significativas na estrutura e na composição da equipe nos últimos anos? (Exemplo: crescimento rápido, cortes, fusões, mudanças estratégicas)
- Quem ocupava a minha posição antes e como era sua gestão? O que funcionava bem e o que gerava insatisfação?
- O que as pessoas esperam de um novo líder?

Saber como sua equipe chegou até aqui ajuda você a evitar erros comuns e tomar decisões mais certeiras. A última liderança era muito ausente? Pode ser que o time precise de mais direcionamento. Houve muitas mudanças na equipe em pouco tempo? Talvez as pessoas ainda estejam tentando se adaptar. Essas informações não servem para você se basear no passado ou repetir velhas fórmulas, mas para entender o terreno em que está pisando. Ao ouvir diferentes perspectivas sem se deixar enviesar, você consegue identificar onde pode trazer melhorias sem gerar resistência desnecessária. O passado dá pistas, mas é você quem vai dar os próximos passos.

QUEM FAZ O QUÊ?

Um grande erro inicial é não entender o que o time faz ou microgerenciar demais as atividades para monitorar o que acontece na prática. Portanto, seu desafio será mais do que mapear funções no papel, mas observar como as tarefas são realizadas na prática para entender como o seu time trabalha. Um líder que compreende bem as atividades e as capacidades do seu time tem muito mais facilidade para delegar, apoiar e inspirar sua equipe a alcançar melhores resultados.

Veja a seguir um roteiro para entender o que sua equipe faz sem microgerenciá-la.

1. Converse com cada pessoa individualmente:

Pergunte sobre suas principais responsabilidades e desafios. Entenda como ela percebe sua função dentro da equipe.

Descubra o que ela acredita que está funcionando bem e o que pode melhorar.

2. Participe de reuniões como ouvinte:

Entre nas reuniões do time sem interferir demais. Observe como as decisões são tomadas e como a equipe se organiza.

Preste atenção aos gargalos e desafios que aparecem no dia a dia.

3. Entenda como as entregas são feitas:

Peça ao time para apresentar suas entregas e explicar como funciona o processo.

Pergunte sobre dificuldades e obstáculos, sem tentar resolver tudo de imediato.

Foque em entender o fluxo de trabalho.

4. Compartilhe suas percepções com o time:

Traga insights do que observou e pergunte se o time concorda. Valide com eles se as suas sugestões fazem sentido antes de propor mudanças.

Dê espaço para o time trazer soluções antes de impor suas próprias respostas.

Valorize iniciativas e reconheça os esforços da equipe.

5. Crie um sistema de acompanhamento, não de controle excessivo:

Defina momentos para revisar prioridades e realinhar expectativas.

Ajuste sua abordagem conforme aprende mais sobre a equipe.

6. Reflexões que devem ser feitas:

Quais são as principais responsabilidades de cada pessoa do time?

As funções estão bem distribuídas ou há sobrecarga em alguém?

As tarefas e os processos são claros para todos? Existem atividades que geram confusão ou retrabalho?

Os papéis e as entregas foram combinados ou apenas assumidos ao longo do tempo?

Quais são os hábitos e as rotinas já estabelecidos pela equipe?

Quais hábitos e rotinas são produtivos ou precisam de ajustes?

Ao ter essas respostas, você pode identificar oportunidades de melhoria e realizar ajustes para criar um ambiente mais eficiente, garantindo que todos tenham condições de entregar o seu melhor. Essa proximidade também ajuda a construir confiança entre você e sua equipe, já que mostra um interesse genuíno pelo trabalho que está sendo feito. Demonstrar interesse pelo trabalho da equipe não apenas fortalece sua liderança, mas também cria um senso de pertencimento e engajamento entre os colaboradores, mas cuidado para não se envolver demais e microgerenciar. Guarde essa informação que voltaremos a falar sobre isso no próximo capítulo.

QUEM É QUEM?

Conhecer seu time rapidamente exige a capacidade de fazer algumas inferências iniciais. Por isso, o primeiro alerta é: faça uma leitura inicial da equipe, mas esteja disposto a ajustá-la à medida que convive mais com o time e obtém novas informações. Embora o uso de ferramentas que categorizam perfis possa ser útil como ponto de partida, evite limitar as pessoas a essas classificações. Mantenha a mente aberta para reconhecer nuances, talentos ocultos e dinâmicas que só se revelam com o tempo. A seguir vou apresentar algumas alternativas que podem ajudar, e muito, a diminuir o tempo necessário para conhecer melhor quem está com você.

1. Aplique a matriz autonomia vs. abertura para feedback

Comece aplicando uma matriz simples, mas poderosa: autonomia vs. abertura para feedback.

- Autonomia: capacidade de trabalhar sem supervisão e tomar decisões com independência.
- Abertura para feedback: disposição para receber, processar e aplicar orientações para crescimento.

Gosto dessa abordagem porque permite um mapeamento rápido e objetivo de como cada pessoa trabalha autonomamente (e, por consequência, o quanto você precisa ou não estar próximo dessa pessoa) e como reage a feedbacks (o que dá uma baita pista sobre a facilidade de desenvolver a pessoa).

A variação desses dois conceitos traz pistas sobre quatro perfis de colaboradores. Veja quais são:

Figura 7: Quatro perfis de colaboradores.
(Elaborada pela autora)

Para entender onde cada pessoa da equipe se encaixa na matriz, observe como elas trabalham e como reagem ao feedback no dia a dia. O colaborador toma iniciativa, resolve problemas sem precisar de validação constante e assume responsabilidades com confiança? Indícios de alta autonomia. Agora se aguarda instruções detalhadas antes de agir, evita tomar decisões e pede confirmações frequentes é um forte candidato a baixa autonomia. Por outro lado, se pede feedback ativamente, aplica sugestões rapidamente e demonstra vontade de aprender e melhorar, tem grandes chances de ter alta abertura a feedback. Se resiste a mudanças, defende excessivamente suas ideias ou ignora sugestões para melhorar, provavelmente, é uma baixa abertura a feedback.

Saber onde cada pessoa se encaixa na matriz permite ajustar sua abordagem de liderança para garantir desenvolvimento, eficiência e engajamento.

2. Conheça os pontos fortes do seu time

No que seu time é bom de verdade? Você já parou para observar quais são os talentos de cada pessoa? Ou está apegado ao modelo de desenvolvimento que concentra esforços apenas no que a pessoa não é boa?

Muitas empresas ainda seguem um modelo de gestão focado em corrigir fraquezas, investindo tempo e energia no que as pessoas não fazem bem. O problema? Isso pode ser frustrante e improdutivo tanto para o colaborador quanto para a organização. Quando o foco está em desenvolver os talentos de cada pessoa, o trabalho se torna mais leve, a produtividade aumenta e os resultados aparecem de forma mais consistente.

Se você conhecer os talentos do time, conseguirá potencializar o que já funciona bem, distribuir tarefas com mais inteligência e criar um ambiente de trabalho mais fluido. Portanto, ao receber seu time, dedique um tempo para entender a seguinte questão: o que eles fazem de muito natural?

Uma simples observação no dia a dia já pode trazer insights poderosos. São pequenos sinais que ajudam a enxergar quem é bom no quê e como distribuir responsabilidades de maneira mais alinhada ao perfil de cada um.

- Quais tarefas cada pessoa executa com facilidade e rapidez?
- Em quais momentos do trabalho você percebe que alguém está totalmente envolvido?
- Que tipo de atividade cada pessoa do time busca naturalmente?
- Quem no time se destaca em resolver problemas, motivar os outros, inovar ou organizar processos?

Mas, se você quiser um trabalho mais minucioso para identificar o que cada pessoa traz de talento e ponto forte, recomendo aplicar o diagnóstico CliftonStrengths no seu time. Como já falamos no capítulo 4, essa ferramenta identifica os talentos mais naturais de cada pessoa. Ao ter esse conhecimento, você pode adaptar sua gestão, delegar de forma mais eficiente e criar times que operam em seu melhor potencial.

Liderar bem não é sobre corrigir fraquezas, mas sobre criar um ambiente em que os talentos do time possam se transformar em resultados reais.

3. Entenda o que motiva cada pessoa

Fazer algo com facilidade não significa, necessariamente, estar motivado. Motivação e talento são conceitos distintos. O talento diz respeito à maneira como uma pessoa trabalha melhor, refletindo seus padrões de pensamento, comportamento e habilidades naturais. Já a motivação está relacionada ao que a impulsiona internamente, ou seja, seus valores, seu propósito e os motivos que a fazem agir. Enquanto o talento indica como alguém desempenha suas tarefas com excelência, a motivação responde por que essa pessoa se sente engajada e realizada no que faz.

Desta maneira, um profissional pode ter talento para resolver problemas complexos, mas sua motivação pode vir da necessidade de reconhecimento, impacto ou estabilidade. Entender esses dois aspectos separadamente permite ao líder criar um ambiente onde cada pessoa trabalhe melhor.

Considerando que as motivações básicas estão sendo atendidas, como salário adequado e saúde, de maneira geral, percebo os seguintes grandes motivadores (vale ressaltar que podemos ser motivados por mais de um fator):

- **Reconhecimento** – engajamento vem de elogios, prêmios e valorização.
- **Desafios** – precisa de metas, aprendizado e crescimento constante.
- **Segurança e estabilidade** – prefere previsibilidade e estrutura.
- **Impacto e propósito** – quer ver um significado maior no que faz.
- **Relacionamento** – trabalha melhor quando há um ambiente colaborativo.

Para você entender o que motiva cada pessoa recomendo conversas abertas. Faça perguntas:

- O que o deixa animado para começar um novo dia de trabalho?

- O que o faz sentir realizado no trabalho?
- Quando você sente que seu esforço realmente valeu a pena?
- Qual foi o momento em que você sentiu que realmente contribuiu para a equipe?
- Como você prefere ser reconhecido pelo seu trabalho?
- O que o faria querer permanecer nesta empresa por muitos anos?

COMO FUNCIONA SUA EQUIPE?

Uma colega, diretora de RH que tinha acabado de assumir a cadeira em uma nova empresa, estava surpresa ao observar como as pessoas daquela organização agiam completamente diferente individualmente e em grupo. Essa diferença de comportamento entre o individual e o coletivo não é incomum. Dentro de um grupo de trabalho, as pessoas assumem papéis que podem mudar conforme o contexto e a dinâmica do time e influenciam a maneira como o trabalho acontece. Entender essas dinâmicas ajuda o líder a distribuir responsabilidades, fortalecer a colaboração e evitar ruídos que prejudiquem o desempenho da equipe.

Os principais papéis que costumam aparecer em qualquer equipe[58] são os seguintes:

- **O líder (formal ou informal):** pode ser a pessoa com cargo de gestão ou um influenciador natural dentro do time. Ele define o ritmo, orienta e inspira a equipe, sen-

58 Nota da autora: confira mais detalhes na conversa que tive no Pod Liderar Podcast com Meire Beraldo sobre Liderança e Equipe, na qual discutimos mais sobre papéis de grupo. Disponível em: https://www.youtube.com/watch?v=vfvNqnhYPBg. Acessado em: 14 jun. 2025.

do um ponto de referência para decisões e alinhamento. Se for um líder positivo, impulsiona o grupo e garante colaboração. No entanto, um líder informal desalinhado pode criar resistências, enfraquecer a autoridade oficial e gerar divisões internas. O segredo é reconhecer e valorizar esses influenciadores para que trabalhem a favor do time, garantindo alinhamento com a liderança.

- **O animado:** é aquele que usa humor para aliviar tensões e criar um ambiente mais leve e descontraído. Muitas vezes, essa pessoa tem carisma e consegue unir a equipe, tornando a rotina de trabalho mais agradável. Porém, se não houver equilíbrio, o excesso de piadas pode desviar o foco das discussões e comprometer a seriedade de algumas situações. O ideal é canalizar essa energia de maneira positiva, incentivando o bom humor sem perder a produtividade.
- **O crítico:** é o membro da equipe que sempre levanta questionamentos, aponta riscos e desafia ideias. Seu olhar analítico contribui para decisões mais bem fundamentadas, ajudando a evitar erros e antecipar problemas. No entanto, se a crítica for excessiva ou não acompanhada de sugestões construtivas, pode desmotivar o time e criar um ambiente de resistência. O papel do líder é incentivar esse perfil a trazer alternativas junto com suas críticas, garantindo que sua visão agregue valor ao grupo.

No entanto há dois papéis que, quando aparecem, podem indicar desafios maiores para a gestão:

- **O bode expiatório:** é a pessoa que, muitas vezes injustamente, se torna alvo das frustrações do time. Pode ser responsabilizado por falhas sistêmicas ou problemas que vão além do seu controle, gerando um ambiente tóxico e de injustiça. Se esse padrão não for corrigido, a equipe pode desenvolver uma cultura de culpabilização, em vez de aprendizado e responsabilidade coletiva.

- **O sabotador:** diferentemente do crítico, que questiona para melhorar, o sabotador mina o time de maneira destrutiva. Ele pode espalhar boatos, resistir a mudanças ou dificultar a comunicação, enfraquecendo a confiança da equipe. Seu impacto nem sempre é óbvio, pois muitas vezes age nos bastidores, criando divisões e desmotivação. Um gestor atento deve identificar se esse comportamento vem de um desalinhamento pontual ou de um padrão mais profundo e agir rapidamente para corrigir a rota antes que comprometa o time.

Mas o que acontece quando esses papéis não são identificados?

Se você não identificar esses papéis, pode reforçar comportamentos disfuncionais, delegando errado ou até gerando resistência sem necessidade. Por exemplo, você pode enxergar o **líder informal** como uma ameaça à sua autoridade, quando na verdade essa pessoa pode ser uma grande aliada para engajar o time. O **crítico**, que sempre aponta falhas, pode parecer alguém negativo, mas muitas vezes é quem ajuda a evitar erros e a melhorar processos. O **animado** pode parecer disperso ou pouco produtivo, mas seu papel é importante para aliviar tensões e manter o grupo motivado. Já o **bode expiatório**, aquele que sempre recebe a culpa pelos problemas, pode estar preso em um papel injusto, e cabe ao gestor perceber se isso está acontecendo e corrigir essa dinâmica. O **sabotador**, por sua vez, pode ser o mais difícil de identificar, pois seu impacto nem sempre é evidente. Se não for percebido a tempo, esse comportamento corrói a confiança do grupo, gera um ambiente de tensão e pode até prejudicar resultados.

Identificando esses papéis, você vai conseguir distribuir responsabilidades com mais inteligência, fortalecer a colaboração e criar um ambiente onde cada pessoa contribui da melhor maneira possível.

CONSOLIDANDO TODAS AS INFORMAÇÕES

Idealmente, nos primeiros dois meses com esse time, é importante que você tenha uma visão consolidada sobre essas pessoas, e o que apresentamos até agora pode ajudar. O próximo passo é organizar suas descobertas e analisar as informações que surgiram. Esse é o momento de transformar conhecimento em ação. Para isso, observe não apenas as características individuais, mas também as dinâmicas de interação entre os membros da equipe.

Lembre-se de que, neste momento do livro, você já conhece a si mesmo, já conhece o que o move, já sabe o que é demandado de si. Portanto, considerando tudo isso e conhecendo o seu time agora, as perguntas que devem ser respondidas estão a seguir.

Checklist para consolidar o mapeamento do time

1. Como sua equipe chegou até aqui?

Como essa equipe foi formada e quais mudanças significativas ocorreram recentemente?

O time já passou por lideranças problemáticas ou mudanças bruscas que impactam a confiança?

Quais expectativas, explícitas ou implícitas, as pessoas têm sobre um novo líder?

2. Quem faz o quê?

As funções e responsabilidades estão claras para todos?

Existe alguém sobrecarregado ou subutilizado no time?

Como as entregas são feitas e há gargalos no fluxo de trabalho?

Existem processos que precisam ser ajustados ou criados?

3. Quem é quem?

Onde cada pessoa se encaixa na matriz autonomia vs. abertura para feedback?

Quais são os talentos naturais de cada membro do time? Quem precisa de mais apoio e proximidade? Quem precisa de mais desafios e autonomia?

Quais são as principais motivações de cada pessoa no trabalho?

4. Como funciona a equipe?

Quem influencia positivamente ou negativamente o time? Existem padrões disfuncionais afetando a dinâmica?

Como o time se comunica e toma decisões? Há clareza e alinhamento?

Como a equipe lida com conflitos e há algo que precise ser ajustado?

5. O que precisa ser ajustado?

Quais são os principais desafios do time hoje, tanto individuais quanto coletivos?

Existem desalinhamentos internos ou sobrecarga que precisam ser corrigidos?

Há alguma mudança necessária na estrutura, processos ou formas de trabalho?

Quais decisões precisam ser tomadas no curto, médio e longo prazo em relação à equipe?

Com esse mapeamento, você pode começar a tomar decisões mais estruturadas sobre como distribuir responsabilidades de maneira equilibrada e eficiente, garantir que cada pessoa esteja atuando onde pode gerar mais valor e oferecer suporte onde for necessário. Muitas vezes, pequenas mudanças na delegação de tarefas, na clareza de papéis ou no apoio aos desafios individuais já geram um impacto significativo na performance coletiva.

Além disso, essa é uma excelente oportunidade para alinhar expectativas com o grupo de maneira transparente e objetiva. Deixe claro o que você espera do time, e, no caso de ajustes, quais serão feitos, o que será mantido e como cada um pode contribuir para que o time funcione de forma mais eficiente.

***

Um líder que conhece sua equipe profundamente tem mais ferramentas para engajá-la, motivá-la e direcioná-la. Com esse alicerce bem estruturado, o próximo passo natural da Pirâmide da Liderança é aprender como mobilizar seu time para a ação. Porém, isso é assunto para o próximo capítulo. Antes disso, garanta que você compreendeu este passo e preencha o exercício desta seção.

PONTO DE VISTA, COM JONATHAN YUNG[59]

Conhecer o seu time é estratégico

Jonathan Yung é fundador e sócio-diretor da Vertico Human Capital.

Nenhum líder entrega resultados sozinho. Por isso, conhecer quem está ao seu lado é tão estratégico quanto saber aonde você quer chegar. A construção de uma equipe de alto desempenho é um dos pilares fundamentais para o sucesso das organizações, mas um desafio para as lideranças. Isso porque a eficácia do time é a soma dos talentos individuais com a capacidade de cada um dos membros trabalharem juntos de maneira colaborativa e harmoniosa.

Confesso que não é fácil fazer essa leitura, mas sua importância é inegável. Líderes que não conhecem suas equipes perdem talentos. Eu sugiro que você inicie conhecendo a equipe como um todo. Isso deve começar antes mesmo do primeiro dia em que assumir a função, principalmente para líderes que chegam de outras empresas.

Certa vez, eu fiz a contratação de um executivo para um cargo de liderança, e ele se deslocou de um estado para outro, antes de assumir o cargo, só para conhecer a equipe. Esse gesto é muito poderoso, pois demonstra interesse e valorização ao trabalho das pessoas e abre um caminho para um relacionamento mais sólido. Portanto, eu sugiro que você combine de encontrar a equipe em um ambiente informal, mostre-se disposto a ir até o time onde for melhor para ele, se apresente, mostre interesse em ouvir. Essa primeira impressão dura muito mais do que imaginamos. Líderes que começam bem têm meio caminho andado para conquistar o time.

Depois disso, marque uma conversa com cada membro da equipe. Use essa reunião para identificar as competências

59 Perfil de Jonathan Yung no LinkedIn: https://www.linkedin.com/in/jonathanyung/. Acessado em: 14 jun. 2025.

técnicas, conhecer suas motivações e expectativas em relação ao trabalho que realiza, seus pontos fortes, seu histórico na função e na empresa e ainda as áreas com que essa pessoa se identifica. Isso vai tomar parte do seu tempo, mas ter esse conhecimento é crucial para alinhar as expectativas, delegar tarefas e ter um ambiente de trabalho mais positivo.

Ao mapear a equipe, fique atento a algumas armadilhas que podem prejudicar sua liderança desde o início. Uma delas é favorecer personalidades mais abertas, aquelas mais extrovertidas e que tendem a se aproximar mais da liderança, em detrimento de profissionais igualmente competentes, porém com uma personalidade mais introvertida. Não tem problema em se sentir mais próximo daquele que é mais aberto, mas isso não pode servir como régua para medir competência. Procure também um equilíbrio nesse relacionamento mais informal. Não dá para virar o amigão. A hierarquia tem que ser respeitada.

Outra armadilha é se apegar à possível rejeição muito comum de aparecer logo no início da gestão, principalmente se o cargo de liderança vem de uma promoção interna. Sempre vai ter uma pessoa questionando por que você foi o escolhido e não ela. Mas, com o acolhimento adequado, esse detrator pode se tornar um aliado com o passar do tempo, porque ter uma oposição é importante para o seu amadurecimento como profissional e para reconhecer aquilo que você não sabe. Ninguém tem um time 100% ao seu lado, isso é uma ilusão. Mas vale ficar atento ao seu próprio comportamento. Não entender o time antes de propor mudanças pode causar uma espécie de rejeição de órgão: o time simplesmente não te aceita como parte dele. Tenha em mente que a equipe não te segue porque você manda, mas porque confia.

Saber se adaptar ao ambiente cultural em que está inserido também é muito importante. Eu estudei e trabalhei muito anos nos Estados Unidos. Por lá, as pessoas não estão preocupadas em ser amigas uma das outras, mas sim em realizar o seu trabalho sendo o mais eficiente possível. Quando pensamos no contexto cultural brasileiro, em que a interação social é valorizada, não dar um "bom dia, tudo bem com você?" pode ser mal-visto. O líder precisa demonstrar interesse genuíno pela equipe, ouvir suas opiniões e mostrar-se próximo. Sabe aquela coisa de bom dia/boa tarde/bom descanso/como foi o seu fim de semana? Então, talvez seja importante incorporar esse hábito na sua rotina, caso ainda não o tenha.

Apesar do desafio, eu aconselho que faça esse trabalho de reconhecimento da equipe o quanto antes e refaça sempre que chegar um membro novo ou que sinta necessidade. Minha dica: um líder nunca deve se voltar apenas aos resultados esperados pela empresa e se fechar para quem está ao seu redor. Deve se dedicar a observar, interagir e aprender constantemente sobre seus liderados. Liderar é conectar pessoas ao propósito. Se você conhece bem seu time, já deu o passo mais importante.

AGORA É A SUA VEZ

1. COMO SUA EQUIPE CHEGOU ATÉ AQUI:

O que você precisa considerar na gestão do dia a dia?

___

___

___

2. QUEM É QUEM? (AUTONOMIA X ABERTURA PARA FEEDBACK)

Com base nisso, o que você precisa considerar na gestão do dia a dia?

___

___

___

3.SOBRE OS TALENTOS DO SEU TIME:

Quais são os talentos de cada pessoa do seu time?

Você está aproveitando bem esses talentos?

Com base nisso, quais são os ajustes necessários para aproveitar os melhores talentos do seu time?

4. MOTIVAÇÕES DA EQUIPE:

O que motiva cada pessoa do seu time?

Que ajustes você pode fazer na sua gestão para alinhar as motivações da equipe?

REFLEXÃO FINAL

O que você aprendeu sobre seu time que antes não estava claro?

O que quer fazer com o que aprendeu sobre si?

9. NÍVEL 6 DA PIRÂMIDE DA LIDERANÇA:

COMO LEVO QUEM ESTÁ COMIGO?

A liderança é a arte de motivar alguém a fazer algo que você quer feito, porque essa pessoa quer fazê-lo.

Dwight D. Eisenhower

Toda liderança quer um time engajado, certo? No entanto, de acordo com o relatório State of the Global Workplace 2023, feito pela Gallup, o engajamento dos funcionários não é mais o mesmo de décadas atrás e atingiu um patamar alarmante de estagnação, com apenas 23% dos trabalhadores ao redor do mundo se considerando verdadeiramente engajados em suas funções. Os demais 77% estão divididos em categorias preocupantes: 59% cumprem o mínimo necessário e 18% são ativamente insatisfeitos, com comportamentos que prejudicam diretamente a empresa.[60]

Por isso, depois de contratar, **manter um time engajado** é um dos maiores desafios da liderança. Mas, se cada pessoa é motivada por fatores diferentes, como identificar o que faz cada

60 GALLUP. *State of the global workplace*, 2024. Disponível em: https://tinyurl.com/53nyry7d

um dar o seu melhor pelo resultado da organização? Chegamos assim no nível 6 da pirâmide: "como levo quem está comigo?".

O QUE É SER LIDERANÇA?

Para começar a falar sobre isso, vamos relembrar o que falamos no capítulo 4 sobre o que é ser um líder. Gosto particularmente da passagem de Jaime Moggi em seu livro LiKcunnKo ucln cssêncin para explicar a importância deste papel: "'Líder' tem origem do inglês antigo *'liden'*, *causative of lithan*, ou seja, o causador da viagem ou o que vai à frente de um grupo em viagem".[61] Bem diferente de mnnngcmcní, que significa o que manuseia, o que controla.

Curiosamente, essa mesma essência de liderança aparece em diversas linhas espirituais. Independentemente de sua religião ou crença, precisamos reconhecer a figura de Moisés, um líder no sentido mais literal possível: conduziu seu povo em uma jornada pelo deserto, com todos os desafios que isso poderia significar. Da mesma maneira, outros mestres espirituais são vistos como guardiões do caminho, orientando seguidores em sua busca por transformação. O que eles têm em comum? Uma causa compartilhada, um propósito maior que une as pessoas e as motiva a seguir adiante. Esses líderes trazem invariavelmente uma visão clara, coragem para enfrentar desafios e a capacidade

Percebe que levar as pessoas com você não é apenas direcioná-las? É criar as condições para que queiram seguir ao seu lado.

61 MOGGI, 2015.

de inspirar e transformar pessoas ao seu redor. Mais do que apontar um destino, eles efetivamente criavam as condições para que seu povo acreditasse na jornada e, acima de tudo, se comprometesse com ela.

E isso se conecta diretamente com a responsabilidade do gestor por meio da mobilização do time.

Na liderança corporativa, o engajamento não vem de ordens ou controle, mas da capacidade de conectar o time a um propósito significativo, construir confiança e cultivar um ambiente onde as pessoas sintam que fazem parte de algo maior.

Quando o gestor não se apropria dessa responsabilidade, ele cai em armadilhas como:

- Achar que engajamento é responsabilidade da área de RH e não algo do dia a dia dele.
- Culpar a equipe pela falta de motivação sem avaliar se ele está criando um ambiente que favorece o engajamento.
- Focar apenas em metas e entregas e ignorar os fatores humanos que sustentam o alto desempenho.

Enquanto nas linhas espirituais ser líder é quase um chamado, no ambiente corporativo liderar é apenas mais uma das mil habilidades necessárias para performar, mesmo que a pessoa não queira ser, ou não seja naturalmente, inspiradora. Sejamos francos: tem gente que não tem paciência de lidar com outras pessoas, especialmente se demandar mais energia e dedicação. Bom, se você não é uma liderança nata, mas precisa liderar um time, eu vou ajudar com algumas dicas. Antes, contudo, permita-me explicar alguns conceitos que vão ajudar muito: engajamento e segurança psicológica.

O QUE É ENGAJAMENTO?

Engajamento no trabalho vai muito além de estar satisfeito com o cargo ou com as condições oferecidas. Ele envolve um sentimento de pertencimento, entusiasmo com os desafios, conexão com o propósito da organização e disposição para contribuir ativamente com ideias, energia e responsabilidade.

Pessoas engajadas não apenas "fazem o que é preciso", mas buscam fazer melhor, colaboram com o time, assumem responsabilidade pelos resultados e se sentem emocionalmente conectadas ao impacto do que fazem. É justamente por isso que é algo que toda empresa quer: alguém que joga junto com o time, que está disposto a vestir a camisa e contribuir para o ambiente e os resultados.

Muitos gestores tendem a atribuir a falta de engajamento da equipe a fatores externos como o perfil dos funcionários, o momento da empresa ou até a geração mais jovem. No entanto, as pesquisas da Gallup mostram uma realidade diferente:

> Cerca de 70% da variação nos níveis de engajamento de um time está diretamente relacionada à atuação do seu gestor imediato.[62]

62 GALLUP. *Who's responsible for employee engagement*, 10 nov. 2024. Disponível em: https://tinyurl.com/ymb5nfez

Ou seja, o líder tem um papel central na criação de um ambiente que favoreça ou bloqueie o engajamento. A forma como o gestor se comunica, dá feedback, reconhece, apoia o crescimento e oferece clareza de direção impacta diretamente a motivação e a performance das pessoas. Não é uma questão de sorte ou perfil, é uma competência de liderança que pode (e deve) ser desenvolvida.

Ainda de acordo com a Gallup, equipes mais engajadas compartilham cinco características que estão diretamente ligadas à maneira como os gestores lideram e apoiam suas equipes.[63]

1. Trabalho com significado:

- Funcionários querem saber que seu trabalho faz a diferença.
- Clareza sobre como suas atividades contribuem para os objetivos da empresa.
- Sentimento de impacto e relevância no que fazem.

2. Oportunidades de desenvolvimento:

- O engajamento cresce quando há possibilidades reais de aprendizado e evolução.
- Treinamentos, desafios e projetos que ampliam habilidades.
- Clareza de oportunidades e apoio para crescimento interno.

3. Um gestor que se importa:

- Comunicação empática e escuta ativa.
- Apoio no desenvolvimento profissional e pessoal.

63 GALLUP. *The benefits of employee engagement*, 20 jun. 2013. Disponível em: https://tinyurl.com/4vtbytm8

- Ambiente seguro para troca de ideias e feedbacks.

4. Feedback e direcionamento frequentes:

- Engajamento não se mantém com reuniões anuais de desempenho, mas sim com interações constantes.
- Check-ins regulares para alinhamento de expectativas e evolução.
- Cultura de feedback construtivo e troca aberta entre líder e equipe.

5. Mais ênfase nos pontos fortes:

- Os funcionários se engajam mais quando podem usar e desenvolver seus talentos naturais.
- Identificação e valorização das forças individuais.
- Oportunidades para aplicar habilidades e aprimorá-las.

SEGURANÇA PSICOLÓGICA

Uma vez, um fundador de uma empresa me confidenciou que ele próprio era a principal causa de problemas da (falta de) performance e (alta) rotatividade de funcionários, pois criava um ambiente de insegurança psicológica. Ora, que clareza! Um excelente ponto de partida. Mas não necessariamente o suficiente para resolver o problema.

Segurança psicológica foi um conceito popularizado por meio do livro The Fearless Organization: *Creating Psychological Safety in the Workplace for Learning, Innovation and Growth*, de Amy C. Edmondson, publicado em 2018. Ter segurança psicológica não significa que todo mundo precisa concordar, que erros não têm consequências ou que ninguém pode ser desafiado. Na verdade, é o contrário. Em um time seguro, as pessoas podem discordar sem medo, porque sabem que serão ouvidas com respeito. Erros importam, mas são tratados como aprendizados, não como motivo para punição. E, longe de ser uma zona de conforto, um ambiente assim incentiva o crescimento, porque as pessoas se sentem confiantes para testar novas ideias sem medo de represálias.

"Ora, mas mesmo em ambientes hostis há pessoas que se adaptam", você deve estar refletindo. De fato algumas pessoas conseguem se sair melhor em ambientes hostis por possuírem maior tolerância ao risco, serem mais adaptáveis ou porque desenvolveram estratégias políticas para navegar em culturas tóxicas. Mas não se engane: a longo prazo a insegurança psicológica mina o engajamento e prejudica tanto os indivíduos quanto o desempenho da empresa.

RECEITA PARA CRIAR A INSEGURANÇA PSICOLÓGICA (POR FAVOR, NÃO FAÇA ISSO!)

✕ **Faça todos trabalharem com medo:** diga frases como "Se não gostar, tem quem queira" ou "Aqui não é lugar de reclamar, é de entregar".

✕ **Puna o erro como se fosse crime:** um simples erro de digitação? Faça uma reunião de emergência para expor o culpado na frente de todos.

✕ **Nunca peça feedback (e se pedir, ignore):** afinal, "se eu quisesse sua opinião, eu teria perguntado" é a melhor estratégia para construir um time motivado.

- ✗ **Estimule a fofoca e a competição tóxica:** fale mal de um funcionário para outro e depois assista ao caos se espalhar.
- ✗ **Tenha favoritos e deixe bem claro:** dê oportunidades, promoções e elogios sempre para as mesmas pessoas. O resto? Que lute.
- ✗ **Microgerencie tudo:** se alguém respira sem sua aprovação, chame para uma reunião e pergunte: "Por que você não me copiou nesse e-mail?".
- ✗ **Jamais reconheça bons resultados:** funcionários existem para trabalhar, não para serem elogiados. O pagamento já é reconhecimento suficiente, certo?
- ✗ **Transforme cada reunião em um tribunal:** faça perguntas difíceis só para pegar alguém desprevenido e depois diga: "Você deveria saber isso".
- ✗ **Mude de ideia toda semana sem avisar ninguém:** afinal, planejamento é para os fracos. O bom mesmo é deixar todo mundo perdido.
- ✗ **Incentive a cultura do "trabalhe até cair":** sair no horário? Coisa de amador. O verdadeiro comprometimento é responder e-mails às 23h e trabalhar nos finais de semana.

Identificou-se com algum desses pontos? Hora de repensar! Um ambiente de insegurança psicológica não só destrói o engajamento do time, mas também aumenta a rotatividade, prejudica a inovação e pode afetar até a saúde mental dos funcionários. Mas, se esses motivos não forem importantes o suficiente para você repensar, vale entender que um ambiente de insegurança psicológica pode gerar impactos no time que afetam inclusive o resultado da empresa.

Voltando ao caso do fundador, por que é tão difícil mudar? A transformação exige mais do que intenção – requer prática, compromisso e um ambiente que o ajude a sustentar a mudança. Nossos hábitos são profundamente enraizados, e a neurociência mostra que o cérebro cria padrões automáticos de resposta para economizar energia,[64] que nos fazem cair sempre no mesmo comportamento. Portanto, a mudança exige um mergulho de autoconhecimento, dedicação, humildade que, sem apoio externo (como terapia, coaching e mentoria), é difícil de ser sustentado. Se não bastasse toda essa pressão interna, a pressão externa e o viés de curto prazo das organizações dificultam a mudança. A tendência de buscar eficiência imediata pode reforçar comportamentos tóxicos (como microgerenciamento ou gestão pelo medo).

Então, se você se identificou com o caso do fundador que cria um ambiente de insegurança, segue uma sugestão de um plano estruturado para mudar esse cenário:

64 KAHNEMAN, 2012.

1. Observe antes de agir. Repare nos sinais do time antes de tentar mudar.	• Note quem nunca fala nas reuniões. • Veja se decisões importantes só acontecem em conversas de corredor. • Preste atenção em como as pessoas reagem a erros: escondem ou falam rápido?
2. Dê exemplo no dia a dia. O time acredita mais no que você faz do que no que você fala.	• Admita quando errar e diga o que aprendeu. • Não demore para dar feedback: fale no dia ou logo depois. • Mostre que também investe em você: cite algo concreto que está fazendo para melhorar (curso, livro, terapia, coaching).
3. Ajuste a rotina. Pequenos rituais diários transformam a forma de trabalhar.	• Em toda reunião, feche com: "O que não está funcionando e precisamos mudar?". • Peça para alguém diferente liderar um trecho da reunião. • Reconheça em público quem trouxe um problema ou crítica (mesmo pequena). • Resolva atritos no 1:1, nunca na frente de todos.
4. **Sustente pelo básico**. Repita o que funciona até virar parte da cultura.	• Repita comportamentos simples até virarem regra: ouvir, agradecer, corrigir no privado. • Revise com o time, a cada trimestre, o que melhorou e o que ainda pesa. • Se alguém trouxe vulnerabilidade, proteja essa pessoa do resto (não deixe virar piada). • Invista no seu próprio autodesenvolvimento com terapia, coaching ou o que funcionar para você.

Nada disso exige ferramenta, orçamento ou pesquisa. É só disciplina do líder em observar, agir com respeito, e repetir.

COMO LEVAR QUEM ESTÁ COM VOCÊ?

Se você quer engajar de maneira real e sustentável, assuma quatro responsabilidades fundamentais:

1. **Crie clareza e direção:** O engajamento começa quando as pessoas sabem para onde estão indo e por que seu trabalho importa. Exemplos práticos:

Objetivos claros e alinhados: use metas trimestrais. Explique não apenas o quê, mas por que aquilo é importante.

Rituais de alinhamento: faça reuniões semanais curtas com a equipe para revisar prioridades e remover bloqueios.

Transparência sobre o contexto: compartilhe regularmente atualizações sobre os resultados do time ou da empresa, mesmo os desafios.

2. **Ofereça suporte e crie segurança psicológica:** Se as pessoas não se sentem seguras para errar, perguntar ou sugerir, o engajamento despenca. Exemplos práticos:

Feedback contínuo e leve: não espere a avaliação formal. Faça microfeedbacks em entregas, reuniões e conversas rápidas.

Reuniões 1:1 com espaço para escuta ativa: crie um momento frequente com cada membro do time para entender desafios, dúvidas e ideias.

Normalização do erro como aprendizado: compartilhe também seus erros como líder. Crie o hábito de revisitar projetos para extrair aprendizados, não culpados.

Check-ins de clima emocional: comece reuniões com perguntas como "Como você está hoje?" ou "O que está presente para você agora?" para abrir espaço de conversa.

3. **Desenvolva e capacite a equipe:** Pessoas engajadas sentem que estão crescendo. Exemplos práticos:

Delegação com autonomia e responsabilidade: em vez de tarefas operacionais, delegue missões. Combine o que é inegociável e o que pode ser criado pelo colaborador.

Rituais de aprendizado: reserve um momento por mês para compartilhamento de aprendizados, erros e boas práticas dentro do time.

Desafios progressivos: ofereça projetos especiais que desafiem a pessoa a sair da zona de conforto, com suporte para crescer.

Plano de desenvolvimento individual (PDI): crie planos simples, mas consistentes, que conectem os interesses do colaborador com os objetivos do time.

4. **Reconheça e valorize o esforço:** As pessoas querem sentir que seu trabalho é notado. Exemplos:

Reconhecimento específico e frequente: em vez de "parabéns", diga "sua atenção ao detalhe evitou um problema com o cliente. Isso fez diferença!".

Celebrar vitórias, pequenas e grandes: encerre a semana com uma breve reunião para reconhecer os aprendizados e as conquistas.

Rituais simbólicos de valorização: crie prêmios simbólicos internos, agradecimentos públicos ou gestos simples como uma carta de gratidão.

Recompensas alinhadas a valores: incentive comportamentos desejados com reconhecimento que reflita os valores da empresa.

DEMAIS STAKEHOLDERS

Engajar não é apenas sobre a equipe direta. Líderes de verdade também precisam inspirar times indiretos, como áreas de apoio, fornecedores e parceiros e demais stakeholders que influenciam os resultados. Isso exige uma liderança que construa confiança, alinhe expectativas e seja capaz de comunicar propósito de forma clara e consistente, mesmo sem uma relação hierárquica direta. Quanto mais pessoas entenderem e se sentirem parte do impacto gerado, mais alinhamento, colaboração e energia você terá para avançar.

- **Construa relacionamentos antes de precisar:** não espere uma crise ou necessidade urgente para se conectar. Relacionamento é ativo estratégico.
- **Alinhe o *porquê* do trabalho:** explique como a contribuição deles impacta o todo. Pessoas se engajam mais quando enxergam propósito, não apenas tarefa.
- **Reconheça e valorize:** mesmo quem não está sob sua gestão direta precisa sentir que é visto. Pequenas demonstrações de reconhecimento têm grande efeito.
- **Comunique com clareza e frequência:** evite "deixar subentendido". Stakeholders e times indiretos precisam de clareza sobre objetivos, prazos e critérios de sucesso.
- **Respeite a autonomia:** onde você não tem autoridade direta, a influência acontece pelo respeito mútuo. Cuidar da forma de pedir é tão importante quanto o que pedir.

- **Mostre o impacto:** sempre que possível, compartilhe resultados que incluam o papel deles. É um ciclo que reforça a motivação e o compromisso.

***

Engajamento é consequência de um ambiente bem cuidado. Não tem mágica: começa pelo básico, com salários adequados, pagamento em dia, estrutura adequada, respeito e condições dignas de trabalho. Sem isso, nada se sustenta. Mas vai além: quando as pessoas entendem o que estão fazendo, se sentem parte, têm espaço para crescer e sabem que são valorizadas, elas naturalmente se dedicam mais. É isso que faz um time querer construir junto: não por obrigação, mas porque acredita no que está fazendo. E é aí que a diferença acontece.

Esse mesmo princípio vale para além da equipe direta. Stakeholders, parceiros e times de apoio também se engajam quando encontram um ambiente de respeito, propósito claro e reconhecimento genuíno. Engajar é construir relações em que todos entendam seu papel no impacto maior e sintam que sua contribuição é valorizada. Quanto mais as pessoas se conectam com a visão e percebem que seu trabalho faz diferença, mais elas se dedicam. É assim que se criam não só times engajados, mas redes de colaboração fortes.

PONTO DE VISTA, COM ZÉ DIAS[65]

Diga a verdade!

Zé Dias é sócio-fundador da gestora de investimentos Kanoa Capital e também conselheiro de executivos, empreendedores e de empresas. Na sua carreira profissional, foi executivo de grandes companhias, atuando em países como China, Estados Unidos e Canadá.

Quando alguém me pergunta o que é ser líder, eu respondo que só é líder quem consegue formar pessoas que vão atrás de você. Se não consegue fazer isso, você pode até ocupar essa cadeira, mas é um chefe ou qualquer outro nome que queira dar, mas nunca vai desempenhar um papel de liderança de fato. Mobilizar um time vai além de fazer com que atinja os resultados da empresa. Mobilizar é tirar as pessoas do ponto atual (onde estão hoje) para o futuro, é ter pessoas que estão sempre com você, é elevar o status quo.[66] Isso não é só pensar no lado econômico ou financeiro, mas envolve também o psicológico e o social.

Penso que não existe melhor maneira para ter essa aproximação do que construir uma base sólida de verdade e transparência com as pessoas. Não dá para pensar em mobilizar por meio da manipulação ou da mentira. Eu acredito na liderança que é parceira, que, no meio do caos ou de uma notícia ruim, vai ter do outro lado liderados que entenderão a situação e saberão que aquilo não é uma questão pessoal. Acredito que a mobilização de um time vem dessa confiança, conquistada a partir da verdade, que, por sua vez, funciona como um elo que conecta o líder à sua equipe.

Parte do que faço é atuar como conselheiro de executivos, e muitos deles são fundadores de suas próprias empresas de tecnologia. Recentemente, atendi um CEO que precisava comunicar aos colaboradores que a empresa havia sido adquirida,

65 Perfil de Zé Dias no LinkedIn: https://www.linkedin.com/in/zedias/. Acessado em: 16 jun. 2025.

66 Status quo é uma expressão derivada do latim que significa "o estado atual das coisas".

e ele estava preocupado em causar ansiedade no time. Seu ponto era que alguns poderiam imaginar que haveria cortes de pessoal. Ele não sabia como dar essa notícia e estudava evitar tocar nesse assunto. Minha orientação foi: "Fale a verdade. Não precisa doer. Conduza as pessoas para que entendam que isso faz parte do crescimento do negócio. Fale das coisas boas, das conquistas e mostre que você vai trabalhar ao lado delas para 'salvar' todo mundo, mas que pode ser que seja diferente. O futuro é incerto mesmo, especialmente em tecnologia. Por que tratar o time de maneira infantil e evitar uma verdade que é evidente? Faça o melhor possível, crie a melhor narrativa da sua empresa e de seu produto, mas não minta". Essa postura dá credibilidade ao discurso e ajuda as pessoas a entenderem que, independentemente do que acontecer, esse CEO está ao lado delas e que elas fazem parte dessa história. Penso que isso é essencial para mobilizar um time.

Mas eu sei que liderar com verdade nem sempre é uma tarefa simples. Você tem que estar disposto a ter conversas difíceis e tomar decisões também difíceis, compartilhar informações relevantes de maneira acessível, ter empatia com o outro, ensinar as pessoas que a liderança que sorri e que brinca com as situações corriqueiras é a mesma liderança que cobra resultados. Eu já tive que demitir muitas pessoas na minha vida, e muitas delas são próximas até hoje, me procuram para conselhos e referências, sabem que a coisa aconteceu dentro das regras, com verdade e com preocupação genuína com o bem-estar das pessoas e das empresas. Isso só foi possível porque fui aprendendo a lidar com essas situações. Eu aprendi a ser verdadeiro sem ser rude, a ser firme sem ser rígido, além de construir uma história junto com os meus liderados.

Assim, a comunicação direta e clara é o melhor caminho. Eu tento falar de uma maneira que todos entendam, independentemente da função que ocupem. O importante é que se sintam incluídos e informados. Mobilizar é estar sempre próximo do time e aberto ao diálogo. Eu nunca tive sala, sempre trabalhei no meio de todos, procurando ser mais informal (que é o meu jeito de ser, a minha verdade). Então chegava ao escritório de skate e andava de camiseta. Também encorajava o feedback aberto e honesto, deixando que todos se sentissem à vontade para expressar as suas opiniões e preocupações. Mostrava que, a partir do que eles traziam, eu também aprendia e essa troca era valiosa para o trabalho.

Um aprendizado mais recente foi o de colocar em primeiro plano os superpoderes das pessoas. Parei de ficar hiperfocado nas lacunas que precisavam ser preenchidas. Não deixava de mostrar oportunidades – aliás, eu as apontava assim que eles surgiam, com o cuidado devido –, mas o foco estava no que aquela pessoa tinha de melhor. Por exemplo, em um momento da minha carreira, eu fui trabalhar em uma multinacional na China. Chegando lá ocupei uma cadeira de uma pessoa que continuaria na empresa e num cargo subordinado a mim. Contrariando a parte das pessoas que acreditavam que eu deveria demiti-la, eu a mantive ao meu lado. Aprendi muito com ela, foram três anos de uma relação muito boa. Ela era excelente líder, tinha o respeito do time comercial e a confiança dos clientes. Esses eram alguns dos seus superpoderes, e eu sabia que ter essa liderança chinesa seria bom para mim e para a companhia. Eu não me deixei levar pelo que eu achava que ela falhava, mas sim no que me ajudava.

Meu objetivo como líder é construir um legado de confiança e integridade. Quero que minha equipe saiba que pode contar com a minha honestidade e que a verdade sempre prevalecerá entre nós. Para você que está lendo este livro, minha dica: aprenda os componentes técnicos inerentes ao seu cargo, leia, se informe, mas igualmente importante é ter essa certeza de que o outro é alguém com um superpoder e é o seu dever identificá-lo e maximizar sua potência. Lidere com transparência e tenha cuidado com as máscaras. As máscaras nos protegem, são importantes, mas não se apegue, se mostre verdadeiro e vulnerável com uma frequência natural. Baixe a guarda, tire a armadura e se conecte com seu time. Dessa maneira, você irá mobilizar as pessoas para alcançar os objetivos da empresa, conquistará pessoas queridas ao longo de sua carreira e ainda contribuirá para o crescimento pessoal e profissional de todos, principalmente o seu. Nunca se esqueça de que você e o seu time estão juntos na mesma jornada.

AGORA É A SUA VEZ

1. CRIAR CLAREZA E DIREÇÃO

Minha equipe sabe exatamente para onde estamos indo e por que cada um é importante nesse processo? Responda com exemplos concretos.

____

____

____

Como posso melhorar a forma como comunico metas, expectativas e propósito? Liste ao menos duas ações práticas para trazer mais clareza e alinhamento:

1. ______________________________________
2. ______________________________________

2. DAR SUPORTE E CRIAR SEGURANÇA PSICOLÓGICA

Minha equipe se sente confortável para errar, sugerir ideias e fazer perguntas sem medo de julgamentos? Descreva um momento em que isso aconteceu ou em que você percebeu o contrário.

____

____

____

O que posso fazer para garantir um ambiente mais seguro para minha equipe? Liste ao menos duas ações que você pode implementar a partir de agora:

1. ______________________________________
2. ______________________________________

3. DESENVOLVER E CAPACITAR A EQUIPE

Estou realmente investindo no crescimento da minha equipe ou apenas cobrando entregas? Dê um exemplo de algo que fez recentemente para desenvolver alguém da sua equipe:

____

____

____

Quais oportunidades de aprendizado posso oferecer para fortalecer o crescimento do meu time? Liste duas maneiras de desenvolvimento que você pode implementar ou incentivar:

1. ______________________________________
2. ______________________________________

4. RECONHECER E VALORIZAR ESFORÇOS

Minha equipe sabe que eu reconheço e valorizo seus esforços? Quando foi a última vez que você fez um reconhecimento genuíno e específico para alguém? Descreva:

____

____

____

O que posso fazer para criar uma cultura de valorização contínua? Liste duas formas de reconhecimento que você pode praticar regularmente:

1. ______________________________________
2. ______________________________________

Compromisso pessoal

Agora que você refletiu, defina uma ação principal que começará a aplicar imediatamente para fortalecer seu impacto como líder:

____

____

____

REFLEXÃO FINAL

O que você aprendeu sobre como engajar seu time que antes não estava claro?

____

____

____

O que quer fazer com o que aprendeu?

____

____

____

10. NÍVEL 7 DA PIRÂMIDE DA LIDERANÇA:

MEU JEITO ÚNICO DE LIDERAR

A liderança é difícil de definir e boa liderança ainda mais difícil. Mas, se puder fazer as pessoas ao seu redor se tornarem melhores, você está fazendo algo certo.

Indra Nooyi

Ex-presidente da PepsiCo

Depois de percorrer os capítulos anteriores, você já possui um mapa para ter clareza sobre seu estilo de liderança, saber o que o motiva, entender a dinâmica da organização, dominar os processos essenciais, conhecer seu time e saber como engajá-lo. É neste momento que você está pronto para vivenciar, na prática, a sua **maneira única de liderar**.

Cada pessoa é única e traz seu próprio estilo para qualquer atividade. Embora siga os processos estabelecidos pela empresa, a maneira como os aplica e os traduz no dia a dia é exclusivamente sua. Você gerencia um time a partir das suas fortalezas e seus gatilhos (gatilho = tudo o que tira você do seu eixo, lembra do capítulo 4?). Assumir esse estilo único de liderança significa reconhecer e aceitar tanto os desafios quanto as conquistas desse caminho. Significa viver toda oportunidade como parte de um processo contínuo de apropriação do seu estilo e de refinamento desse estilo.

Quando você encontra esse caminho personalizado de liderar, as pessoas tendem a confiar mais em você, pois enxergam sinceridade e coerência em suas ações. Assim consegue engajar melhor seus colaboradores, pois eles se sentem mais conectados já sabem que estão lidando com uma pessoa real, com seus sentimentos e suas emoções. Pensando em si próprio, ao aplicar o seu jeito próprio de liderar, você amplia o seu impacto positivo, porque lidera de acordo com suas forças e não tenta ser alguém que não é. Assim, navega com mais confiança e clareza, mesmo em ambientes complexos e desafiadores.

Colocar esse assunto no topo da Pirâmide da Liderança foi algo bastante intencional. Isso porque ter essa apropriação do seu estilo de liderança exige uma maturidade emocional e um conhecimento de processos básicos que, talvez, você não tivesse tão claros quando começou a ler este livro, mas que agora já tem. Você começou a pirâmide aprendendo a se autoconhecer como líder, depois entendendo o ambiente em que atua, as demandas do seu cargo, os processos básicos da gestão, como engajar seus colaboradores e agora está pronto para voltar o olhar para si (mais uma vez) e entender como a sua personalidade única pode ser intencionalmente aplicada na sua rotina como um verdadeiro diferencial para o alcance dos seus objetivos, sem o atrapalhar neste caminho.

Às vezes, você nem repara, mas o seu jeito de ser pode ser prejudicial para os negócios, para você e para seu time, mesmo que você se considere a pessoa mais legal do planeta. Ficou confuso? Para entender melhor, eu vou contar a história de uma cliente.

Executiva de uma clínica médica, ela é agregadora por natureza. Trata bem as pessoas, quer que todos se sintam à vontade ao seu lado, gosta de unir as pessoas. Com esse mesmo jeito de ser, ela conduzia as entrevistas de emprego. Assim, quando ia contratar um novo funcionário, o tratava com toda essa simpatia. Porém, começou a se questionar depois de ouvir alguém falar que "entrevista bem-feita precisa colocar o candidato em situações tensas e desconfortáveis". Definitivamente esse não era o perfil da minha cliente, e ela sabia disso.

Se passasse a tratar mal seus candidatos, ela não seria quem é de verdade. Pois receber bem, tratar bem as pessoas é parte dela, tanto que esse é um dos seus diferenciais como médica. Ela entende de verdade os pacientes justamente porque cria o ambiente para que possam se abrir. Voltando ao processo seletivo, não tem nada de errado em deixar a pessoa à vontade na entrevista. Por outro lado, o que pode ser prejudicial é ficar tão preocupada em deixar essa pessoa à vontade que acaba contratando-a só porque ela também é legal, ou então deixar de tomar uma decisão difícil (como uma demissão) porque quer ser a gestora legal.

Assim, o jeito único dela de liderar era sendo simpática e agregadora. E está ótimo, não tem que mudar isso. O que ela precisa é de fato entender as dores e amores do seu jeito único de liderar, perceber quanto esse estilo ajuda ou prejudica o ambiente, suas decisões e sua carreira, ter consciência dessa maneira de ser e aprender como potencializar tudo de positivo e ajustar os pontos de atenção. Ou seja, ela não tem que ser outra pessoa, apenas lidar com seu estilo de maneira positiva e intencional.

Portanto:

O jeito único de liderar é a expressão autêntica da pessoa, que reflete seus valores, seus talentos, suas experiências e sua personalidade.

Ou seja, é ela sendo ela mesma, como no caso da minha cliente. Essa marca registrada é formada a partir de dois elementos:

1. **Elementos intrínsecos:** valores pessoais (as crenças e os princípios que guiam suas escolhas e ações), suas motivações (o que o faz querer causar impacto no mundo ou no trabalho), seus talentos naturais (aquilo que você aplica com facilidade e naturalidade e que potencializa seus resultados através da forma de pensar, influenciar, se relacionar e fazer as coisas).
2. **Elementos extrínsecos:** todas as nossas experiências de vida, o que o trouxe até este momento, tudo o que sua jornada já agregou e também as lições aprendidas em sucessos e fracassos que desenvolvem e potencializam suas características mais naturais.

Veja que esses elementos são uma combinação construída ao longo da sua vida, por isso encontrar esse seu jeito único de liderar pode ser aprendido sim.

Warren Bennis, consultor norte-americano considerado um grande pensador sobre liderança, diz que:

Um dos mais perigosos mitos da liderança é achar que líderes são assim por natureza.[67]

67 BENNIS, 1989.

Para ele, a verdade é o oposto disso: "os líderes são feitos, em vez de nascidos"; portanto, eles se desenvolvem quando se apropriam de suas forças e seus valores, têm uma visão clara e inspiradora, mantêm um aprendizado contínuo e agem com autenticidade.

Em outras palavras, somos uma combinação de características natas (aquelas que marcam a nossa personalidade) e aquelas desenvolvidas a partir das experiências que tivemos ao longo da vida.

Você é o que é hoje porque aprendeu a ser assim

e pode aprender muito mais se quiser.

COACHING GESTÃO AUTÊNTICA®

Um dos trabalhos que realizo na MB People, chamado Coaching Gestão Autêntica® (CGA), é ajudar o líder a achar seu estilo autêntico através do desenvolvimento da sua liderança individual.

Por meio da exploração de seus valores, seus talentos e suas motivações, o cliente aprende a tomar decisões mais alinhadas com seu jeito de ser, ao mesmo tempo que são adequadas também para a resolução da questão principal. Assim, em vez de seguir modelos prontos ou expectativas externas, o cliente aprende a construir uma liderança mais natural e eficaz, baseada no seu jeito único de liderar e no impacto que deseja causar.

Esse método é direcionado para:

1. Pessoas que já lideram ou que estão em preparação para um próximo passo.

2. Pessoas que estão diante de desafios de gestão e buscam maior assertividade na forma de liderar.
3. Pessoas que querem se apropriar de seu próprio estilo de gestão para se posicionar, se diferenciar e alcançar resultados sustentáveis.
4. Pessoas que querem se dedicar a uma imersão de autoconhecimento e crescimento pessoal e profissional.

Para chegar a esse modelo, busquei inspiração e referência em diversos institutos renomados. Eu utilizo o CliftonStrengths (Gallup), otimizado no início do processo. Também foco na responsabilização e na parceria entre coach e cliente, centrada na crença de que o cliente é naturalmente criativo, capaz e inteiro no seu desenvolvimento (Co-Active Coaching); incorporo perspectivas ampliadas e que consideram o desenvolvimento humano em níveis físicos, emocionais e cognitivos, buscando uma transformação profunda (Antroposofia, Instituto Ecosocial). Também tenho por base princípios de ética, papéis e responsabilidade e condutas validadas internacionalmente através do ICF (International Coaching Federation).

Veja como funciona:

1. **Identificação do desafio central:** O ponto de partida é explorar o desafio atual na maneira de liderar. O que o cliente traz inicialmente costuma ser um sintoma. Ao aprofundarmos a escuta, revelamos questões mais profundas que estão na raiz do comportamento atual.
2. **Mapeamento de talentos com CliftonStrengths:** Aplicamos o assessment CliftonStrengths (falamos sobre isso no capítulo 4) para revelar os talentos naturais do cliente,

o que ele faz bem com facilidade e que pode ser mais bem aproveitado na sua liderança.

3. **Análise do impacto percebido vs. impacto real:** Investigamos como o líder se vê e como é percebido pelo time. Essa etapa ajuda a revelar possíveis inconsistências entre intenção e prática. Exemplo: o líder se considera acessível, mas é visto como distante.
4. **Compreensão do que não está sendo potencializado (e por quê):** Ajudamos o cliente a entender por que certos talentos estão sendo subutilizados. Muitas vezes, o bloqueio vem de medos sutis, padrões aprendidos ou experiências passadas que ainda influenciam seu comportamento.
5. **Desenvolvimento de clareza, estratégia e novas abordagens:** Com essas descobertas em mãos, o cliente começa a ajustar sua forma de atuar, alinhando seu estilo de liderança ao que é mais verdadeiro para si, com mais presença, confiança e impacto.
6. **Avaliação de progresso e consolidação:** Comparamos os objetivos iniciais com os avanços percebidos, celebrando conquistas e consolidando aprendizados. O líder encerra o processo mais consciente, seguro e conectado com sua maneira mais natural de liderar.

Assim, o processo de Coaching Gestão Autêntica conduz o cliente a enxergar com mais profundidade sua forma única de liderar, a reconhecer recursos internos pouco explorados e a desenvolver estratégias alinhadas ao seu estilo mais natural. Desta forma, promovemos mudanças consistentes; o gestor tem mais presença, mais autonomia e maior impacto no seu contexto pessoal e profissional.

L.I.D.E.R.A.R.

Durante a minha jornada profissional, vi muitos gestores que, embora tivessem muito conhecimento de processos básicos do cargo que ocupavam, ainda se perdiam na liderança. Não entendiam por que estavam insatisfeitos, nem aquele sofrimento que sentiam cada vez que tinham que tomar uma decisão estratégica e, com medo de dar tudo errado, acabavam replicando o que viam em seus líderes anteriores. Apesar de alcançar níveis altos na carreira, ainda continuavam infelizes.

A conclusão a que cheguei é que faltavam a eles a consciência de quem eram e também uma maneira segura de aplicar essa personalidade na sua gestão, ou seja, de colocar em prática o seu jeito único de liderar. A partir dessa inquietação, criei uma ferramenta que combina reflexão pessoal e prática e que pode ser aplicada imediatamente, inclusive por você que está lendo este livro agora. Aplicar o framework L.I.D.E.R.A.R. permite que cresça como líder enquanto mantém a sua essência única. A minha ideia é que você reconheça a sua autenticidade ao mesmo tempo que se adapta ao contexto em que vive. Eu a chamo de L.I.D.E.R.A.R., em que:

L – Levante sua essência: Reflita sobre quem você é, suas experiências, seus valores e suas motivações.

Ferramenta: Escreva um diário de liderança com momentos marcantes, sucessos e fracassos.

Pergunta-chave: Quais valores são inegociáveis para mim como líder?

I – Identifique seus talentos: Descubra os pontos fortes que você usa de forma espontânea.

Ferramenta: Peça feedback a três colegas ou mentores e pergunte sobre situações em que você liderou bem. Ou aplique o CliftonStrengths já mencionado no livro.

Pergunta-chave: Em quais situações sinto que lidero com facilidade e eficácia?

D – Diagnostique seu impacto: Analise como suas ações e decisões impactam sua equipe, os clientes e os resultados.

Ferramenta: Faça uma análise 360º, uma pesquisa com seus pares, superiores e times diretos, para compreender seu impacto.

Pergunta-chave: Qual é o impacto mais comum da minha liderança no time?

E – Entenda o contexto: Observe o ambiente organizacional e cultural onde você atua. Aqui entram o ponto de cultura e a política também.

Ferramenta: Mapeie o contexto (p. ex., estabilidade vs. inovação; processos vs. pessoas).

Pergunta-chave: Como minha liderança se conecta às necessidades da organização e equipe?

R – Reflita sobre lacunas: Identifique áreas onde seu estilo pode ser limitado ou desafiado.

Ferramenta: Use uma matriz SWOT pessoal (forças, fraquezas, oportunidades, ameaças).

Forças Quais são suas principais competências e características como líder?	**Fraquezas** Quais são seus pontos de melhoria ou desafios como líder?
Oportunidades Quais fatores externos podem ajudar no seu desenvolvimento como líder?	**Ameaças** Quais fatores externos podem dificultar seu crescimento como líder?

Pergunta-chave: Quais competências ou comportamentos preciso ajustar para liderar melhor?

A – Aprimore seu estilo: Adapte práticas e comportamentos para atender diferentes demandas sem perder autenticidade. Ferramenta: Crie uma tabela com comportamentos a reforçar, modificar ou abandonar.

Pergunta-chave: Como posso ser flexível sem abrir mão do que é essencial para mim?

R – Revise para evoluir continuamente: O autodesenvolvimento é um processo dinâmico; revise seu estilo regularmente e evolua.

Ferramenta: Estabeleça momentos (trimestrais ou semestrais) para revisar seu progresso nas suas metas de desenvolvimento.

Pergunta-chave: O que aprendi recentemente que pode melhorar minha liderança? O que também aprendi com meus erros?

Agora vamos para um exemplo prático. Imagine que você é um líder que valoriza muito resultados, mas recebe feedback de que precisa melhorar suas habilidades interpessoais. Com o L.I.D.E.R.A.R., você poderia:

- **L**evantar sua essência: Confirmar que autonomia com responsabilidade é valor forte para você.
- **I**dentificar talentos: Reconhecer que sua força está em tomada de decisão e execução rápida.
- **D**iagnosticar impacto: Perceber que, às vezes, essa abordagem gera distanciamento do time.
- **E**ntender o contexto: Notar que sua equipe atual valoriza colaboração e diálogo.

- **R**efletir sobre lacunas: Trabalhar autoconhecimento de quando seu estilo está gerando distanciamento.
- **A**justar estilo: Criar momentos de escuta ativa e feedback, agendar reuniões regulares para tempo de qualidade e aproximação com o time.
- **R**evisar para evoluir: Avaliar se as mudanças estão gerando melhores resultados e ajustar conforme necessário.

Conhecer qual é esse seu jeito único é o passo principal para uma liderança confiante e que sabe que está em constante evolução. Mas também é importante entender o que não é. Muitas vezes, esse contraponto é a melhor maneira de enxergar o que você está fazendo de errado. Portanto, o seu jeito único de liderar:

✘ **Não é copiar o modelo de outros líderes** – você pode até se inspirar em grandes líderes, mas nunca copiar exatamente o que eles fazem.

✘ **Não é buscar uma receita universal** – não existe receita de bolo, ok? Justamente porque cada pessoa tem a combinação única de fatores intrínsecos e extrínsecos que forma e molda seu jeito de ser e de lidar com tudo o que acontece.

✘ **Não é forçar um estilo** – se o que está aplicando não está de acordo com os seus princípios, por que continuar insistindo?

✘ **Não é focar apenas em resultado** – liderança real não é só o resultado que entrega, mas também considerar as pessoas que estão ao seu lado. Você não está sozinho.

✘ **Não é desconsiderar o impacto no time** – ser autêntico não pode ser desculpa para ser desrespeitoso.

Nós mudamos o tempo todo, e essa sua maneira de liderar certamente será aprimorada ao longo do tempo. Sua autenticidade não tem a ver com ser a pessoa mais legal do time ou aquele que é o mais inteligente ou qualquer coisa que seja, mas sim com entender as suas características e saber como lidar com isso de maneira positiva e intencional. Todos gostam desse seu jeito? É claro que não, e está tudo bem. Com tantas pessoas no mundo – mais de 8 bilhões para ser mais exata –, seria presunção esperar ser uma unanimidade.

***

Ser um líder não significa ser perfeito, significa ter coragem de se conhecer, se posicionar com verdade e liderar de um lugar que faz sentido para você. É desafiador, sim, mas profundamente transformador. Quando você lidera com base na sua essência, em vez de tentar se encaixar em um modelo pronto, os resultados se tornam mais sustentáveis e as relações, mais genuínas. Assim, atingimos resultados também sustentáveis. E, no fim das contas, não é isso que buscamos? Fazer sentido para nós mesmos, enquanto deixamos uma marca coerente no mundo e nas pessoas ao nosso redor.

PONTO DE VISTA, COM MEIRI INOUE[68]

Caminho para o sucesso pessoal e profissional

Meiri Inoue é consultora, facilitadora e coach de executivos. Cocriadora e cofundadora do Parsifal21, da Trê Investindo com Causa, do Programa Territórios Regenerativos e da Formação de mentores de negócios para Impacto, atua em processos de desenvolvimento humano, organizacional e territorial.

Muito ouvimos falar sobre liderar com autenticidade ou com o seu jeito único de ser, como eu gosto de chamar. Apesar de ser um desafio para os gestores, isso nada mais é do que assumir seu estilo mais natural de ser, com suas potencialidades, seus talentos e valores. Ou seja, é você sendo quem é, de verdade, na posição de liderança. É um convite para que o gestor se mostre genuíno, permitindo que sua essência transpareça em suas ações e decisões.

Essa autenticidade cria um ambiente em que a confiança floresce, a comunicação se torna mais fluida e eficaz e os desafios são enfrentados com maior resiliência. Isso não tem a ver só com o próprio gestor enquanto líder, mas também com quem está ao seu redor.

Líderes que abraçam esse jeito único abrem espaço para que os colaboradores também sejam eles mesmos, dando liberdade à equipe para que expresse as suas opiniões, mostrem seus talentos e suas individualidades sem medo de se expor. Cria-se, dessa maneira, um ambiente de segurança psicológica: os colaboradores se sentem à vontade para arriscar e sabem que o erro, se acontecer, será recebido de maneira positiva e usado como aprendizado.

Neste ambiente, as situações se desenrolam de maneira mais leve, e os resultados são otimizados. Isso ocorre porque a energia que seria gasta em manter uma imagem de uma pessoa

68 Perfil de Meiri Inoue no LinkedIn: https://www.linkedin.com/in/meiri-inoue/. Acessado em: 16 jun. 2025.

que não existe é direcionada para questões que são relevantes para a equipe, como a análise de contextos, a busca de novas soluções e até mesmo no fomento às relações interpessoais.

Além disso, as atitudes genuínas desse líder moldam a cultura da organização, porque influenciam os valores, as normas e os comportamentos de todos, promovendo um clima corporativo mais humano e colaborativo.

Um exemplo desse jeito único de ser aconteceu com uma alta liderança que atendi que estava assumindo a posição de CEO em uma multinacional alemã. Apesar de ter feito a sua carreira profissional inteira nessa mesma organização, ele tinha um perfil que era diferente das lideranças anteriores, que se moldaram aos costumes da matriz com processos mais rígidos, com pouca flexibilidade e pouca participação dos colaboradores nas decisões do dia a dia. Ao assumir, ele imprimiu seu perfil mais inovador, abrindo diálogo com as pessoas, compartilhando informações e pedindo ajuda em busca de soluções inovadoras. Sua atitude inspirou a equipe a procurar também novos desafios e respostas, impulsionando a sobrevivência da organização. Aliás, manter a filial em funcionamento era o seu principal objetivo quando assumiu a gestão, e ele conseguiu.

Esse CEO não teve medo de mostrar que não tinha resposta para tudo e que contava com os colaboradores para encontrar essas soluções. Um líder que se permite se colocar neste local de vulnerabilidade deixa claro para seus liderados que ele também precisa aprender e que, às vezes, vai necessitar de outras pessoas para complementar talentos que ele não tenha, mas são necessários para a gestão e o desenvolvimento da organização.

Porém, ainda que a autenticidade traga inúmeros benefícios, nem sempre é fácil encontrá-la, principalmente no início de carreira. Por isso falei que assumir esse lado natural é um desafio. Como a Milena já mencionou neste livro, a maioria das pessoas que chegam a um cargo de liderança o recebem por reconhecimento pelo seu bom desempenho técnico, mas acabam encontrando um cenário diferente na rotina do novo cargo. Na tentativa de acertar (e conseguir os resultados da época em que ocupavam um cargo técnico), tendem a reproduzir modelos de antecessores que enxergam como de sucesso ou que observam em outros líderes, negligenciando o seu próprio jeito de ser. E o que é copiado nunca vai ser como o original.

Para encontrar esse lado único, o líder primeiro deve ouvir a si mesmo, ou seja, se autoconhecer. Eu sei que você já ouviu isso muitas vezes neste livro, mas repeti-lo aqui é a prova de como é importante olhar para si. Quem não faz essa lição não conhece seus pontos fortes, seus valores, qual legado gostaria de deixar, qual é o seu propósito e não sabe como gostaria de conduzir uma equipe. Essa auto-observação permite ajustes que sejam necessários na sua conduta e ainda aceitar características próprias, para usá-las no momento e na força adequada às situações. Porque, na formação da personalidade, não dá para dizer que uma característica é ruim ou prejudicial. Tudo depende de como você vai usá-la, onde vai usá-la, do contexto em que vai usá-la e saber adequá-la de maneira equilibrada ao seu estilo de liderança e o que pretende alcançar.

Depois, ouça os outros. A opinião de pessoas de confiança é valiosa no processo de desenvolvimento da autenticidade. Pode ser um par no trabalho, um colaborador, um CEO ou um coach para ajudá-lo neste processo. Mas é importante estar aberto para receber feedbacks honestos que identifiquem seus pontos cegos e as áreas de melhoria.

Minha dica: líderes autênticos têm clareza do seu propósito e deixam um legado duradouro nas organizações e em suas equipes. Eles criam um ambiente em que as pessoas se sentem valorizadas, respeitadas e encorajadas a serem elas mesmas. Em um mundo cada vez mais complexo e desafiador, assumir o seu jeito único de liderar desponta não como um diferencial, mas como um pilar fundamental para o sucesso e o engajamento das equipes.

AGORA É A SUA VEZ

Levando em consideração o modelo L.I.D.E.R.A.R., reflita sobre sua essência como líder e identifique áreas de crescimento.

L – LEVANTE SUA ESSÊNCIA

Quem sou eu como líder?

____

____

____

I – IDENTIFIQUE SEUS TALENTOS

Quais são meus talentos?

____

____

____

D – DIAGNOSTIQUE SEU IMPACTO

Como minha liderança impacta os outros?

Sugestão: Peça feedback (ou utilize o da organização, se houver).

E – ENTENDA O CONTEXTO

Qual é a cultura e dinâmica organizacional em que atuo? Como minha liderança se conecta ao estilo de cultura da organização?

____

____

____

R – REFLITA SOBRE LACUNAS E OPORTUNIDADES

Faça a sua matriz SWOT pessoal (forças, fraquezas, oportunidades, ameaças).

FORÇAS Quais são suas principais competências e características como líder?	**FRAQUEZAS** Quais são seus pontos de melhoria ou desafios como líder?
OPORTUNIDADES Quais fatores externos podem ajudar no seu desenvolvimento como líder?	**AMEAÇAS** Quais fatores externos podem dificultar seu crescimento como líder?

A – APRIMORE SEU ESTILO

Como posso adaptar minha liderança mantendo minha autenticidade? Complete uma tabela com seus comportamentos a reforçar, modificar ou abandonar.

Reforçar	Modificar	Abandonar
•	•	•
•	•	•
•	•	•
•	•	•

R – REVISE PARA EVOLUIR CONTINUAMENTE

Como acompanhar minha evolução como líder? Estabeleça prazos e recorrência para revisar seu progresso.

REFLEXÃO FINAL

O que você aprendeu sobre seu estilo único de liderar que antes não estava claro?

O que quer fazer com o que aprendeu?

11. E AGORA?

PARABÉNS, VOCÊ ATUALIZOU O SISTEMA DO SEU GPS[69]

69 GPS (Global Positioning System) é um sistema de navegação por satélite que ajuda a localizar onde você está e traçar rotas para onde deseja ir.

O autoconhecimento é sobre aprendermos com a nossa jornada, e não sobre nosso ponto de chegada.

Milena Brentan

Quando eu decidi escrever, pensei no guia que eu gostaria de ter recebido quando era mais jovem. Afinal, como você já deve ter percebido, há aspectos na realidade de ser liderança que são difíceis de dimensionar de imediato, mesmo que alguém explique. É por isso que o esquema visual da pirâmide, junto com as explicações, se torna um diferencial tão grande.

E, no final de tudo, é importante ter a consciência de quem você é como liderança, para entender como você vai decidir viver todos os aspectos desta realidade e impactar as pessoas ao seu redor, direta ou indiretamente.

Este livro será como o seu GPS neste caminho. Pense em você chegando em um país que nunca visitou, sem um aplicativo de localização no celular ou um mapa em mãos. Para se deslocar e visitar os pontos turísticos, terá que perguntar para as pessoas, entender onde está, errar uma rua e voltar atrás, perguntar de novo, até encontrar o lugar que quer conhecer. Se você tem um GPS em mãos, consegue fazer isso de maneira muito mais rápida e diminui as chances de se perder. Mesmo que se perca, consegue recalcular a rota e ajustar o caminho rapidamente. **Este livro servirá dessa maneira para você. Se errar, apenas recalcule sua rota.**

Antes de me despedir, quero parabenizar você por chegar até aqui. Apenas 16% da população brasileira acima de 18 anos compra, ao menos, um livro por ano.[70] Então, se comprou e leu, é porque sabe que pode encontrar informações que vão te ajudar. Também quero deixar um último pedido: **divirta-se!** Faça deste processo algo leve, algo que te mostre caminhos, mas que acima de tudo te ajude a fazer as perguntas certas e que te inspire a celebrar as suas pequenas e grandes conquistas, todo dia.

Mas nosso assunto não precisa terminar aqui. Você me encontra no Instagram @milenabrentan, no meu site milenabrentan.com e também no LinkedIn (Milena Brentan). E, se quiser agregar mais conhecimento, confira meu podcast, o Pod Liderar Podcast, no qual eu entrevisto lideranças que dividem suas experiências de maneira leve e enriquecedora. Ele está disponível no YouTube e Spotify.

Seja a sua melhor versão e mais consciente de si, a cada ciclo, a cada desafio que encontrar pela frente!

E lembre-se: **divirta-se! Sempre.**

70 AGÊNCIA BRASIL. *Brasil tem 25 milhões de compradores de livros*, 7 dez. 2023. Disponível em: https://tinyurl.com/5n6bmwe4

SEU CAPÍTULO AQUI

Use este espaço para escrever o que você gostaria que mais líderes ou times soubessem. Algo que você aprendeu na sua jornada. Escreva um capítulo inteiro, se quiser. Não para guardar, mas para compartilhar: com seu time, com seus pares, com quem está começando agora.

Porque liderar também é ter a generosidade de deixar algo para os outros. E esta página é um lembrete da oportunidade de fazer isso.

Se quiser compartilhar este capítulo com o mundo, publique nas mídias sociais com a hashtag #MeuCapítuloAqui ou no site www.milenabrentan.com

AGRADECIMENTOS

Escrever este livro foi mais do que organizar ideias; foi atravessar novamente minha própria jornada para identificar os melhores exemplos junto com referências e teorias. A pesquisa foi ampla e, na atual agilidade do mundo, sempre haverá um ajuste, uma ideia nova, um jeito mais claro de trazer as informações. Então escrever também foi um exercício de estar satisfeita e aceitar que, mesmo que novas tendências e perspectivas surjam, esta edição apresenta o que precisa ser entregue agora. Por isso, considero este livro um ponto de partida, não um ponto final.

E nada disso teria acontecido sem pessoas que caminharam ao meu lado.

Agradeço ao Dennis, meu esposo, parceiro de vida e grande incentivador deste livro e de todos os campos da minha vida. Aos meus filhos, Julia e Felipe, que me lembram a cada dia o poder e impacto do desenvolvimento humano, meus orgulhos e fontes da minha motivação para deixar um legado. Aos meus pais, João e Vera, que me deram raízes, mas também me deram asas para que eu pudesse voar. Aos colegas que contribuíram direta ou indiretamente, incluindo os profissionais que compartilharam seus pontos de vista ao longo desta obra. Aos mentores que cruzaram meu caminho e me enxergaram antes mesmo que eu pudesse enxergar a mim mesma. A todos que, de alguma maneira, me ensinaram que liderança não é sobre controle, mas sobre presença.

Só tenho a agradecer e compartilhar minha admiração por todos vocês.

REFERÊNCIAS

AGÊNCIA BRASIL. *Brasil tem 25 milhões de compradores de livros*, 7 dez. 2023. Disponível em: https://agenciabrasil.ebc.com.br educacao/noticia/2023-12/brasil-tem-25-milhoes-de-compradores-de-livros. Acessado em: 17 fev. 2025.

BELKER, Loren B.; McCORMICK, Jim; TOPCHIK, Gary S. *Gestor pela primeira vez*. Rio de Janeiro: Agir, 2022.

BENNIS, Warren G. *On Becoming a Leader*. Addison-Wesley Publishing Company, 1989.

BETTERFLY. Relatório de Bem-Estar 2022. Disponível em: https://recursos.betterfly.com/hubfs/Materiais%20Ricos%20%5BBR%5D/%5Bpesquisa%5D%20Relat%C3%B3rio%20de%20bem-estar%202022%20(global).pdf. Acessado em: 24 jun. 2025.

BOYATZIS, R.; GOLEMAN, D.; MCKEE, A. Primal *Leadership: the hidden driver of great performance*. Harvard Business Publishing, 1º dez. 2001. Disponível em: https://hbsp.harvard.edu/product/R0111C-PDF-ENG. Acessado em: 21 fev. 2025.

BRACHT, E. M., et al. Take a "Selfie": Examining How Leaders Emerge From Leader Self-Awareness, Self-Leadership, and Self-Efficacy. *Frontiers in psychology*, v. 12, p. 635085, 2021. Disponível em: https://doi.org/10.3389/fpsyg.2021.635085. Acessado em: 21 fev. 2025.

BRENTAN, Milena. *A propósito, vamos falar de propósito*. TEDxInatel. Disponível em: https://www.youtube.com/watch?v=Z-6vo5I8eN8w. Acessado em: 5 jun. 2025.

BRENTAN, Milena. POD LIDERAR | Ep. 9 da Temp. 2 | *Liderança-Democrática com Mônica Santos* || Milena Brentan. *Milena Brentan l MB People*, 27 jun. 2024. Vídeo (1h07min12s). Disponível em: https://www.youtube.com/watch?v=4i-8DAFcLvw. Acessado em: 26 abr. 2025.

BRENTAN, Milena. POD LIDERAR | Ep. 7 Temp. 2 | *Funcionamento de grupo de trabalho com Meire Beraldo* || Milena Brentan. Milena Brentan l MB People, 12 jun. 2024. Vídeo (1h05min17s). Disponível em: https://www.youtube.com/watch?v=vfvNqnhYPBg. Acessado em: 14 jun. 2025.

CAMPBELL, Joseph. *The Hero with a Thousand Faces*. S. l.: Pantheon Books, 1949.

CHESKY, Brian. *Don't fuck up the culture*, 20 abr. 2014. Disponível em: https://medium.com/@bchesky/dont-fuck-up-the-culture-597cde9ee9d4. Acessado em: 30 jan. 2025.

CLEAR, James. *Hábitos Atômicos: Um método fácil e comprovado de criar bons hábitos e se livrar dos maus*. Rio de Janeiro: Objetiva, 2019.

DEAL, Terrence E.; KENNEDY, Allan A. *Corporate Cultures: The Rites and Rituals of Corporate Life*. S. l.: Addison-Wesley, 1982.

DILLON, Karen. *Como lidar com a política no trabalho*. Harvard Business Review. Rio de Janeiro: Sextante, 2018.

DISNEY INSTITUTE. *Leadership is for everyone: guiding your team with examples, stories & servisse*, 31 jan. 2023. Disponível em: https://www.disneyinstitute.com/blog/leadership-is-for-everyone-guiding-your-team-with-examples-stories-service/. Acessado em: 28 nov. 2024.

EDMONDSON, Amy C. *The Fearless Organization: Creating Psychological Safety in the Workplace for Learning, Innovation and Growth*. Hoboken, NJ: Wiley, 2018.

ENDEAVOR BRASIL. *Saúde & Performance de Pessoas Empreendedoras*. Disponível em: https://endeavor.org.br/estudos/jornada-empreendedora/saude-performance-de-pessoas-empreendedoras/. Acessado em: 10 dez. 2024.

EURICH, Tasha. *Insight: The Surprising Truth About How Others See Us, How We See Ourselves, and Why the Answers Matter More Than We Think*. S. l.: CrowCurrency, 2017.

EXAME. *Você está pronto para ser um chefe de agente digital?*, 24 abr. 2025. Disponível em: https://exame.com/carreira/empresas-fronteira-o-novo-modelo-de-trabalho-impulsionado-por-ia-que-vai-mudar-sua-carreira/. Acessado em: 4 maio 2025.

FORBES. *Improve Buy-In To Your Decision-Making With The Power Model*, 10 jan. 2023. Disponível em: https://www.forbes.com/councils/forbescoachescouncil/2023/01/10/improve-buy-in-to-your-decision-making-with-the-power-model/. Acessado em: 21 mar. 2025.

GALLUP. *Aprenda sobre a ciência do CliftonStrengths*. Disponível em: https://www.gallup.com/cliftonstrengths/pt/253799/ci%C3%AAncia%20do%20cliftonstrength-.aspx. Acessado em: 16 jun. 2025.

GALLUP. *CliftonStrengths para Equipes e Gestores*. Disponível em: https://www.gallup.com/cliftonstrengths/pt/253841/cliftonstrengths-para-equipes.aspx. Acessado em: 21 fev. 2025.

GALLUP. *A história do CliftonStrenghts*. Disponível em: https://www.gallup.com/cliftonstrengths/pt/253763/hist%C3%B3rico-cliftonstrengths.aspx. Acessado em: 10 dez. 2024.

GALLUP. *State of the global workplace*, 2024. Disponível em: https://www.gallup.com/workplace/349484/state-of-the-global-workplace.aspx?thank-you-report-form=1#ite-506924. Acessado em: 5 fev. 2025.

GALLUP. *Who's responsible for employee engagement*, 10 nov. 2024. Disponível em: https://www.gallup.com/workplace/266822/engaged-employees-differently.aspx. Acessado em: 7 abr. 2025.

GALLUP. *The benefits of employee engagement*, 20 jun. 2013. Disponível em: https://www.gallup.com/workplace/236927/employee-engagement-drives-growth.aspx. Acessado em: 5 fev. 2025.

GOLEMAN, Daniel. *Inteligência Emocional: A teoria revolucionária que redefine o que é ser inteligente*. Rio de Janeiro: Objetiva, 1995.

GOLEMAN, *Daniel. Liderança que gera resultados. Gerenciando pessoas: os melhores artigos de Harvard Business Review sobre como liderar equipes.* Coleção 10 leituras essenciais. S. l.: HBR, 2018.

GLASSDOOR. *10 principais competências que as empresas buscam em 2024*, 30 set. 2024. Disponível em: https://www.glassdoor.com.br/blog/10-principais-competencias-que-as-empresas-buscam-em-2024/. Acessado em: 19 nov. 2024.

G1 ECONOMIA. *Quase dois terços dos consumidores brasileiros não são fiéis a marcas, aponta Google*, 21 mar. 2023. Disponível em: https://g1.globo.com/economia/noticia/2023/03/21/quase-dois-tercos-dos-consumidores-brasileiros-nao-sao-fieis-a-marcas-aponta-google.ghtml. Acessado em: 15 dez. 2024.

GUILLÉN, Mauro F. *2030: Como as maiores tendências de hoje vão colidir com o futuro de todas as coisas e remodelá-las.* Rio de Janeiro: AltaCult, 2021.

HAN, Byung-Chun. *A Sociedade do Cansaço.* Rio de Janeiro: Vozes, 2015.

HARVARD BUSINESS REVIEW. *Para novos gerentes:* 10 leituras essenciais. Rio de Janeiro: Sextante, 2019.

HBR. *The Leader's Guide to Corporate Culture.* Jan/fev 2018. Disponível em: https://hbr.org/2018/01/the-leaders-guide-to-corporate-culture. Acessado em: 27 dez. 2024.

KAHNEMAN, Daniel. *Rápido e Devagar: Duas Formas de Pensar.* Rio de Janeiro: Objetiva, 2012.

LETRUD, K. A Rebuttal of NTL Institute's Learning Pyramid. Inland Norway University of Applied Sciences. *Education*, v. 133, p. 117-124, 2012. Disponível em: https://www.researchgate.net/publication/285798853_A_rebuttal_of_NTL_Institute's_learning_pyramid. Acessado em: 6 maio 2025.

MOGGI, Jaime. *Liderando pela essência*. São Paulo: Antroposófica, 2015.

MOLLICK, Ethan. *Co-Intelligence: Living and Working with AI*. Nova York: Portfolio/Penguin, 2024.

PAYSCALE. *Gen Y on the job*. Disponível em: https://www.payscale.com/gen-y-at-work. Acessado em: 20 nov. 2024.

Pesquisa "O cenário do RH no Brasil 2023". 3ª edição. ABRH-Brasil e UMAMI. Disponível em: https://abrhpa.org.br/wp-contentuploads/2024/04/PDF-O-Cenario-do-RH-no-Brasil-2023-3%C2%B0-edicao-Versao-Final.pdf. Acessado em: set. 2025.

PINK, Daniel. *The Surprising Truth About What Motivates Us*. New York: Riverhead Books, 2011.

REGO, P. J. R. *Liderança Autêntica e Comprometimento Organizacional: O papel mediador do Capital Psicológico Positivo*. Instituto Superior de Ciências Sociais e Políticas, Universidade de Lisboa, 2014. Disponível em: https://repositorio.ulisboa.pt/bitstream/10400.5/7952/3/Paulo%20J.%20R.%20Rego%20-%20Tese.pdf. Acessado em: 21 fev. 2025.

SCHNEIDER, Michelle. *O Profissional do Futuro: Como se preparar para o mercado de trabalho na era da IA*. São Paulo: Buzz, 2025.

SERRANO, Layane. Lazy Job: o que é a nova tendência da Geração Z e o impacto dela para a sua carreira. *Exame*, 28 ago. 2023. Disponível em: https://exame.com/carreira/lazy-job-o-que-e-a-nova-tendencia-da-geracao-z-e-o-impacto-dela-para-a-sua-carreira/. Acessado em: 10 dez. 2024.

SINEK, Simon. *Start With Why: How Great Leaders Inspire Everyone to Take Action*. New York: Portfolio, 2009.

SCHWARTZ, Tony; MCCARTHY, Catherine. *Manage Your Energy, Not Your Time*. Harvard Business Review, out. 2007. Disponível em: https://hbr.org/2007/10/manage-your-energy-not-your-time. Acessado em: 26 abr. 2025.

TAYLOR, Frederick. W. *The Principles of Scientific Management*. New York: Harper & Brothers, 1911.

TI INSIDE. *Como preparar o time para dividir habilidades com as IAs?*, 20 maio 2024. Disponível em: https://tiinside.com.br/29/05/2024/como-preparar-o-time-para-dividir-habilidades-com-as-ias/. Acessado em: 4 maio 2025.

TULGAN, Bruce. *Não tenha medo de ser chefe*. Rio de Janeiro: Sextante, 2019.

UKG. *The Impact of Work on Mental Health*, 2 fev. 2023. Disponível em: https://www.ukg.com/blog/workforce-institute/the-impact-of-work-on-mental-health. Acessado em: 22 nov. 2024.

VRIES, M. F. R. K. *Leaders, Fools, and Impostors: Essays on the Psychology of Leadership*. New York: Jossey Bass, 1993.

WALUMBWA, F. O. et al. Authentic leadership: Development and validation of a theory-based measure. *Journal of Management*, v. 34, n. 1, p. 89-126, 2008. Disponível em: https://doi.org/10.1177/0149206307308913. Acessado em: 21 fev. 2025.

WEBER, Max. *The Theory of Social and Economic Organization*. S. l.: 1947.

YNNER. *Como os pontos fortes dos seus colaboradores fazem sua companhia ser mais forte*, 11 set. 2020. Disponível em: https://ynner.com.br/blog/como-os-pontos-fortes-dos-seus-colaboradores-fazem-sua-companhia-mais-forte/?. Acessado em: 21 fev. 2025.

FONTE Crimson Pro, Raleway
PAPEL Pólen Natural 80g/m²
IMPRESSÃO Paym

FSC
www.fsc.org
MISTO
Papel produzido a partir de fontes responsáveis
FSC® C133282